后浪

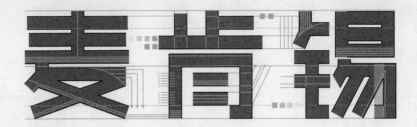

麦肯锡
笔记思考法

[日] 大岛 祥誉

OSHIMA SACHIYO 著

沈海泳 译

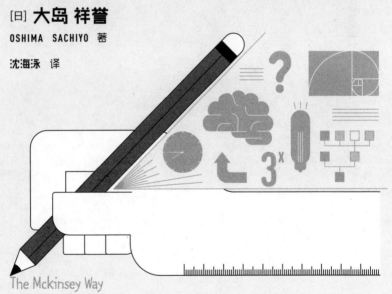

The Mckinsey Way

Techniques for Taking Notes on Problem-solving

江西人民出版社
Jiangxi People's Publishing House
全国百佳出版社

目 录

前　言

麦肯锡的笔记术究竟有何不同

解决问题的笔记术

大家都为了什么做笔记呢？

如果不先记下来就会忘记，有做笔记的习惯，为了方便以后查阅，等等。

或许你会想到很多答案，对于大部分的人来说，"做笔记"这个行为不管在学习还是在工作中都是非常理所当然的习惯，所以从来没有人问过自己"为什么要做笔记"。

那么，这种"理所当然而做的笔记"，都用在什么地方了呢？

有些只用来记录课堂和会议的内容。虽然用不同的颜色标注了重点，却不记得都写了什么。虽然很认真地做了笔记，但却不知道有什么用……

如果是这种情况的话，那么辛辛苦苦做的笔记是不是有点可惜了呢？

我之所以这样说，是因为笔记术本来能够发挥非常强大的作用。

这本书中将会为大家介绍麦肯锡流笔记术，这并不是大家常见的用来"提高学习效率"和"整理工作信息"的笔记术。

那么在麦肯锡，咨询顾问们都为了什么做笔记，如何使用笔记呢？答案很简单。那就是为了解决问题，将笔记作为"思考的工具"和"解决问题的工具"。

定义真正的问题，整理问题的结构，找出事实并根据事实得出解释，在笔记上写出能够解决问题的行动，这就是麦肯锡笔记的作用。

说起来，我们为了什么而工作？

用一句话概括，任何工作都是为了"解决问题"。极端地说，就是为了解决顾客、自己，或者世间"如果这样就好了""想要改变这些地方"之类的问题。所以我们的一切工作都是为了解决问题，而做笔记则是这些工作的起点，也就是说，如果我们不能掌握灵活使用笔记的方法，那么就无法达到解决问题这一目的。

反过来说，善于解决问题的人，实际上在最初做笔记的阶段就已经把问题解决了。对于问题的定义、对事实的分析和整理、建立假设并且找出解决办法、具体的行动步骤等，善于解决问题的人会将这些内容都明确地写在笔记上。

也就是说，因为已经在笔记上"完成"了解决问题的准备、预演、行动等过程，所以在真正开始行动的时候也显得游刃有余。

如果没有这样一个明确的笔记，而只是在脑海里思考一下就开始行动，那么实际行动中可能会遇到问题。

那么，怎样才能够做到"使用笔记来解决问题"呢？

实际上，这个秘密在《麦肯锡人职培训第一课》中就有介绍，在麦肯锡的"新人研修项目"里面也有。

在这个类似于军队的新兵训练营一样的实践性研修中，通过彻底灌输为了解决问题的专业的"思考方法"，新人们"做笔记的方法"和"使用笔记的方法"必然会变成"麦肯锡流"。

在研修中，等待新人们的是彻底的"解决问题思考"的洗礼。

比如，面对"调查汽车市场的动向"这个问题，新人收集并整理了行业白皮书上的信息，然后做出汇报。那么他马上就会接二连三地被问到"你想说什么？""为什么？""真正的问题是什么？""为什么会发生这样的问题？"之类的问题。

也就是说，只汇报感想和白皮书上的调查结果是毫无意义的。

即便是毫无商业经验的新人，如果无法对关键性问题进行理论思考，只是凭借表面现象来判断问题也是绝对不行的。上司会向他们提出"难以开拓市场？发生了什么？（So What？）原因是什么？（Why So？）"之类的问题，通过这类问题迫使其追寻问题的本质，进行更深层次的思考，并且对他们进行相应的思考训练。

当新人在研修结束后成为商业分析师后，接收到来自许多国家的公司发来的调查委托和咨询顾问请求时，一切的思考与行动都要以"解决问题"为基础。

为什么收集信息？　　　　　　　　为了解决问题
为什么进行访问？　　　　　　　　为了解决问题
为什么对现场进行调查？　　　　　为了解决问题
为什么思考Issue（最重要的课题）？　为了解决问题
为什么建立假设？　　　　　　　　为了解决问题

如果只是盲目地开始思考并付诸行动，问题无法得到解决。因为即便只有一个问题，但它的状况却可能是非常复杂的，需要思考和分析的信息、事实、发生的现象、假设的要因、解决的对策可能存在许多个。

用笔记定义真正的问题，明确列出解决问题的概要，然后按照笔记上的内容解决问题，只有这样才能在真正开始行动时避免产生混乱。

关于前文中提到的"汽车市场动向"的问题，只要将想到的内容写出来，然后适当展开思考，一定能够找到"就是这个！"

之类的解决办法吧。

一边动手，一边用自己的头脑思考！

在这种时候，笔记就显得非常重要了。

我在麦肯锡工作的时候，麦肯锡总共使用三种笔记，**一种是麦肯锡原创的"麦肯锡笔记"，另外两种是市面上出售的"方格笔记"和"横线笔记"。**

倒不是说必须用这三种笔记，只不过在解决问题的时候，大家自然而然地会选择这三种笔记。

原本对记笔记毫无头绪的我，在亲眼看到身边的同事和前辈们利用笔记作为"思考工具"和"解决问题工具"，并且采取从本质上解决问题的思考与行动之后，也逐渐掌握了麦肯锡流的笔记术。在本书中，我就将为大家介绍这三种笔记的特征和使用方法。

要想从复杂的状况中准确地找出"真正的问题"，明确问题的原因，建立假设并且验证，最终拿出一个让客户满意的解决方案，必须采取正确的做法。

关键在于，利用"问题的定义"来找出什么是真正的问题，以及利用"分解问题的结构"找出解决问题的办法。在这个时候，笔记发挥着重要作用。

麦肯锡笔记

专门用来发表观点的麦肯锡原创方
格笔记

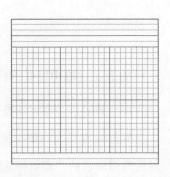

方格笔记

对把握问题、整理问题、解决问题进行全面分析和设计的笔记。

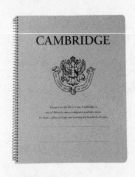

横线笔记

主要用来收集信息，常用于现场考察。

分解问题的结构并不是什么高深莫测的事情。只是为了更加便于把握问题、利用笔记简单地整理问题的一种方法。

如果只在脑中思考，难免会混乱。为了找出解决问题的方法，必须整理脑中的思绪。在这种情况下，就应该使用"麦肯锡笔记"、"方格笔记"和"横线笔记"整理解决问题的方法。

为了解决问题，"思考"是非常重要的。但是，很多人都从"思考"这一行为直接跳到"解决"的行动上。

如果没有认真整理脑中的思路就贸然采取行动，那么我们无法知道行动是否能够真正地解决问题。在不知道应该怎么做才能解决问题的情况下，只是不断地改变对策，这绝对称不上是明智之举吧。不断地进行错误的尝试，完全是对时间和精力的浪费。

因此，在"思考"和"解决"之间，应该加入用笔记"整理思路"和"建立假设并验证"的过程，这是非常重要的。也就是说，分解问题的结构并理解。

通过将自己的思考转变成"语言"，写成"文字"，可以摆脱思绪混乱的状态，获得本质且清晰的思考。特别是写这一行为，可以将思考转变成明确的文字，整理出自己想要表达的信息。

除此之外，通过设定一个解决问题的目标，可以给处于漫无目的状态下的思考赋予一个名为"可能性"的动机，从而开始为了实现这一目标而整理思路。

"工作效率"与"工作品质"的模型图

目标是这一领域

高

工作的速度

慢

工作的品质高
但时间长

工作的品质高
速度快

工作的品质低
且时间长

工作的品质低
但速度快

慢　　　　　工作的速度　　　　　快

麦肯锡为了有效地进行这项作业，采用了亲手写笔记的方法。现在回想起来，这种笔记思考法正是麦肯锡强大的地方之一，至今也令我获益匪浅。

本书的目的，就是在向大家介绍我在麦肯锡的新人研修和现场所学到的"使用笔记解决问题的方法＝笔记思考"的同时，也让大家亲身体验一下为了"解决问题"而建立假设和发现解决问题方法的瞬间。

掌握麦肯锡流笔记术，对大家来说有以下几种好处：

· 可以将自己的思考可视化，使之变得更加清晰

· 避免无用功

· 经常能够提出有创意的想法

· 遇到问题时能够及时找到解决办法

· 不管面对什么情况都能够找出真正有效的解决办法

也就是说，成为一个能够高效率、高质量完成工作＝具有解决问题能力的人。

为什么仅仅通过改变使用笔记的方法就可以高效地完成工作并且提高工作品质呢？因为在你做笔记的同时，提高"工作效率"和"工作品质"的脑回路也得到了强化。当然，本书将

为大家说明其中的奥妙。

要想成为一个善于解决问题的人，只做到工作速度快但品质低是不行的；反之，虽然工作品质高但浪费太多时间，导致错过了解决问题的大好时机的情况也很常见。

所以我们的目标是成为"工作效率"和"工作品质"兼备的人。

比如，在制作资料和提案书的时候，避免重复修改造成的无用功，遇到困难的问题时能够迅速建立起"这才是真正的原因，应该这样做"的假设并且找出解决办法，迅速付诸行动。

而麦肯锡笔记术的特征就是帮助你成为一名"工作效率高、品质好"，以及"工作能力强大"的人。

很多麦肯锡的毕业生现在仍然利用麦肯锡的笔记术活跃在各个领域，大概这就是最好的证明吧。

接下来我即将为大家介绍的"麦肯锡流笔记术"，并不需要特殊的笔记本，也不需要记住非常复杂的方法。

这是一种非常简单，但在解决问题时却非常有效的"笔记术"。就好像是在你遇到困难时总会在你身边，并且从口袋里掏出完美解决方案的机器猫一样。

阅读这本书的读者朋友，在自己身上或者周围，一定存在想要解决的事情或者想要实现的事情＝问题。

当你想要解决这些问题的时候，不能只在脑海中思考"应该这样做"，并且在思考很模糊的时候就贸然采取行动。应该首先准备一个笔记，把想法写在上面。

当你动手做笔记的时候，麦肯锡流的笔记思考法就会帮助你找到"解决问题"的途径，使你能够顺利地开始行动以及取得成果。

那么，让我们一起来体验解决问题的笔记术吧。

第1章

麦肯锡流
专业的笔记方法

"笔记"的目的是什么?

提起笔记,大家都会想到什么呢?

用来做记录的便签、为了整理思考和创意的草稿纸、学生的话或许还有用来记录老师板书的笔记本……

能想到很多吧? 不过,现在请大家忘记上面那些内容。

从现在开始,这本书即将给大家传达的麦肯锡流笔记术是"为了解决问题的笔记术"。并不是简单地"做笔记"那么简单,而是专门用来强化解决问题能力的笔记术。

被称为世界最强的咨询顾问公司的麦肯锡,是一个专门解决问题的集团,咨询顾问们每天的工作就是解决客户们的问题。

甚至可以说除此之外,麦肯锡再也没有其他任何工作。也就是说,麦肯锡笔记的全部也是唯一目的,就是为了解决问题的 problem-solving first(优先解决问题)。

那么,无论是学习还是工作,"笔记"的目的究竟是什么呢? 笔记最大的特点就是常常伴随着"写"这个行为。

　　便签、草稿纸，甚至剪报本，都离不开在纸上写字这一基础行为。那么，我们为什么要写笔记呢？

　　因为这种行为太过于理所当然，所以或许你在日常生活中从来没有意识到这个问题，但我们写笔记的这个行为，其实是为了通过书写来加深思考，整理思考期间，想法更容易固定在记忆中。

　　用手书写的这一行为，会给我们的大脑带来一种刺激，不仅能够增加思考的广度和深度，还可以使其与其他许多信息联系起来。

　　让我们简单了解一下这种机制。

笔记是"第二大脑"

实际上，我们拥有3个"大脑"。

从整体上来说，我们的脑袋里面只有一个大脑，但如果对这个大脑的功能进行详细的分析，会发现我们的大脑从功能上来说可以分为3个"大脑"。

首先，位于最深处的是被称为"脑干"的原始大脑。这里掌控着我们的生命活动，负责调整呼吸系统、体温、自律神经等功能。

其次，是位于中央部分的"大脑边缘系统"，这部分控制人类的各种欲望和喜怒哀乐等感情。

而位于最外侧的是"大脑新皮质"，这里负责人类的五感和运动、语言和记忆、思考、推理等功能，也就是支撑人类智力活动的大脑。

我们的大脑需要"记忆"很多东西，而记忆也可以分为两种类型。

一种被称为"陈述性记忆"，也就是"用大脑记住"类型的

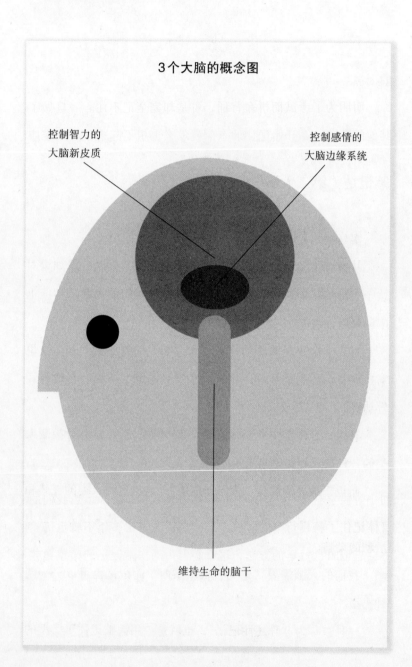

3个大脑的概念图

控制智力的
大脑新皮质

控制感情的
大脑边缘系统

维持生命的脑干

记忆。另一种被称为"动作性记忆",这是"用身体记住"类型的记忆。

明明为了考试而拼命背诵,可是却完全记不住。一旦做了其他的事情,一开始记住的东西就怎么也想不起来了。大家应该都有过这样的经验吧,但这也很好地说明了"用大脑记住"类型的记忆很难稳定下来。

当我们想要用大脑记住某件事的时候,位于"大脑边缘系统"的"海马"会对信息进行处理,然后只将想要记住的事情中重要性最高的内容送到负责记忆的"大脑新皮质"之中保存。

也就是说,因为会经过"海马"的过滤,所以想要记住的东西不一定都会被记忆下来。

与之相对的,"用身体记住"类型的"动作性记忆"则不是通过海马,而是通过位于更深处的控制人类运动所必需的肌肉的"大脑基底核"和"小脑"的神经回路网来进行处理的。

当动作被记忆在神经回路网里之后就很难被忘掉。比如我们小时候学骑自行车,一开始可能会摔倒很多次,但当我们的身体记住了骑自行车的方法,那么之后就算很多年不骑也仍然不会忘记骑自行车的方法,这就是因为动作性记忆的印象比较深刻。

那么,"笔记术"和记忆之间有什么关系呢?聪明的读者朋友应该已经想到了,"写笔记"这个行为,不仅是用大脑记住,而且还使用了身体的一部分——手。

也就是说，与只用大脑记忆相比，写笔记这种"用身体记住"的方式调动了大脑的更多部分，更利于整理思路，而且也更利于记忆的固定。

毫不夸张地说，笔记也是大脑的一部分，是为了让思考更加活跃而打开大脑记忆空间的"第二大脑"。

对笔记的误解

"写笔记"这个行为，对我们的思考和记忆，以及为了解决问题而进行的整理思路来说都非常重要。也就是说，笔记可以成为我们的"思考工具"和"解决问题工具"。

为了解决问题，需要对复杂的事象进行整理，找出什么才是真正的问题。然后对真正的问题建立"这或许是最重要的课题（Issue）""这样做是否能够解决问题"这样的假设并且验证，找到最合适的解决办法，判断解决办法是否可行。

解决问题的基本流程整理如下：

设定问题和Issue→整理课题并分解其结构→搜寻现场的信息→建立解决方案的假设→验证假设→决定解决方案→实行解决方案

那么，问题来了。

尽管我们现在能够很清楚地说出解决问题的流程，但一开始我们能够只在脑海中就非常准确地把握这个流程吗？

除非是接受过专业训练的人，否则大概很少有人从一开始就能够在脑海里整理所有状况并且找出解决的办法吧。在麦肯锡有很多解决问题的天才，但即便是这样的人也不可能只在脑中完成一切工作。

有一位前辈曾经对我说过，解决问题最关键的是"用笔记思考"。用笔在笔记上做记录的这个过程可以让你更加深入地思考，整理脑中思路，好像直接操纵大脑一样找出解决问题的办法。

也就是说，解决问题的专家们也会**"一边在笔记上做记录一边整理思考＝笔记思考"**，从而非常准确且高效地取得成果。

不过，这并不意味着只要使用笔记就一定能够解决问题。

根据我的观察，许多人对"笔记"存在着认识上的偏差。有些人一直都认真地做笔记，但却总是无法取得成果＝不善于解决问题，他们一般都这样使用笔记：

- ·总之先记下来
- ·单纯的记录和议事录
- ·思维混乱
- ·看起来很整洁但实际上空洞无物

上述使用笔记的方法中缺少的决定性要素就是**"利用笔记**

加深思考，整理思路"。

　　解决问题的笔记术绝对不能是"总之先记下来"。虽然我们经常会自己说或者听到别人说："因为当时没有好好记下来所以忘了""因为笔记写得不好所以事后看不明白"，但问题并不在这里。

　　很多人都有使用笔记的习惯。但很多人只是单纯地使用笔记而已，使用笔记本身成了目的，却没有将使用笔记和解决问题、整理思路、寻找新发现等行动结合起来。

笔记是为了取得成果

我们经常会听到媒体宣传"用马克笔划分颜色可以让做笔记更有效率""笔记做得干净整洁会方便日后查阅"之类的笔记术。

虽然这些技巧也有一些作用,但从解决问题的角度来说,都没有涉及本质。为什么这样说呢? 因为无论笔记上颜色分得多么鲜明,如果无法将其与解决问题联系起来的话,那么这个笔记就毫无意义。

特别是工作中的笔记,最终目的都是为了取得成果。如果笔记无法取得"这才是真正的问题""只要改变这里状况就能够得到大幅改善"这类的成果,就算笔记做得再漂亮,也只不过是一种自我满足罢了。

使用笔记这一行为,本来是为了将脑海中的思考转变为具体的成果。这种成果不仅是为了自己,同时也是为了向他人传达或者传授信息而对知识和智慧做出的整理。

通过使用笔记，可以将知识和智慧保存下来，并且广泛流传。

笔记的写法、什么形式的笔记最好、写笔记时候的要求，这些话题或许有很多人讨论，但却并非笔记术真正的主题。

笔记不是为了记录过去，而是为了创建更好的未来

那么，"麦肯锡流笔记术"的真正主题，即Issue（最重要的课题）是什么呢？

如果用一句话来概括的话，那就是"笔记不是为了记录过去，而是为了创建更好的未来"。

为了实现这一目标，我们必须摆脱单纯记录课程和会议内容的"被动做笔记"的习惯，**转而培养动手做笔记来解决问题的"主动做笔记"的习惯**。

所谓主动做笔记，指的是"事先做好准备"，也就是说笔记不只记录过去发生的事情和内容，而是写出接下来应该做什么，一边动手记录一边思考。

但是，写出接下来的行动并不意味着可以仅凭毫无根据的主观希望和单纯的猜测来写笔记。而是应该按照"解决问题的基本流程"，在笔记上整理思路，基于由此发现的有根据的假设，找出"接下来应该这样做"的解决办法，这才是真正地用笔记"创建未来"。

麦肯锡流笔记术为了创建更加美好的未来，坚持以"取得成果"为使用笔记的目的，因此在笔记的使用方法上和一般的笔记术完全不同。

我在麦肯锡的时候曾经在一位美国合伙人的手下工作。他会与我们共享最终向客户提供的企划资料的故事线（流程），将内容的概念图写在"麦肯锡笔记"上，以及"接下来应该做的事情""这样做的理由"等内容。

具体来说，就是一边开会一边在麦肯锡笔记上画出空白表格（还没有填入数字和信息的表格），然后在其中填入"概要"和"理由"。

如果问他这样做的"意图"和"目的"是什么，那就是通过会议将今后应该做什么工作等整个的思考过程展示给大家，让所有人都理解"为什么要这样做和这样做的重要性"，实际上就是对我们今后的工作内容作出指示。

当然，如果不用空白表格而是直接递给我们一份"工作指示书"让我们"按照这上面的内容去做"这种做法也是可取的。

但是这种方法无法使我们理解和把握"为什么要做这项工作""这项工作在整个项目中具有什么意义""目标是什么"等信息。如果不能让实际工作的人理解工作的目的和意图，那么很难取得高质量的成果。

使用"麦肯锡笔记"的空白表格与"工作指示书"的对比

工作指示书的情况

·总结〇〇行业的现状

·〇〇行业的问题点有这些

·找出〇〇行业真正的问题点

·针对〇〇行业的发展前景建立假设

·对假设进行验证

·决定关乎行业未来发展的问题的解决方法

空白表格的情况

标题	目录 ·~~~ ·~~~ ·~~~	业绩变化
真正的问题	假设 ·事实 ·解释 ·解决方案	工作负责人 与整体情况

　应该做什么，为什么这样做，一目了然

　　所以这位合伙人才与我们分享自己使用麦肯锡笔记的整个思考过程，用实际行动向我们展示如何使用笔记来创建未来。

麦肯锡流笔记术中最重要的三个心态

为了他人而使用自己脑海中的知识和思考＝解决问题，以此为目的使用笔记就是麦肯锡流笔记术。

那么在使用麦肯锡流笔记术时应该注意些什么呢？

在麦肯锡流笔记术中，最重要的是以下三点。

1. 一边思考假设一边做笔记

一切都从假设开始，这是解决问题的大前提。**所谓假设，就是在解决问题的时候，针对"问题"提出的"暂时的答案"。**

但是，即便是暂时的答案，也不能随随便便地找个答案。麦肯锡所说的"假设＝暂时的答案"也是通过"只要这样做，出于这样的理由，就会得出这样的结果"的理论分析建立起来的。

为什么建立"假设"是大前提呢？

比如要想解决自己公司销售额不佳的问题，如果在没有建立任何假设的情况下收集信息并且做出分析，那么就不知道究竟应该调查到什么程度才能够找到"真正的问题"，也找不到解决问题的关键"Issue（最重要的课题）"在什么地方。

如果没有一个确定的范围，那么调查信息的过程将是永无止境的，提出的问题也无穷无尽。

但这样一来，调查信息就变成了一种只是浪费时间的工作，完全无法解决问题，导致工作积极性下降，就算终于找到了解决问题的线索，解决方案的品质一定也很低。

在这种情况下，建立"假设"就显得尤为重要。**不管是寻找"真正的问题"，还是寻找解决问题的关键"Issue（最重要的课题）"，都需要从建立"假设"开始。**

比如你有一个困扰自己许久的问题，就是明明决定"每天散步1小时"，却坚持不下来。

散步本身是"为了身体的健康""维持体形"的好习惯，而且自己也很想坚持，但一直坚持不下来，肯定是什么地方出现了"问题"。那么要想找出问题所在，就需要"为了发现问题而建立假设"。

为了发现问题而建立假设

· 散步的路线存在问题

· 散步的方法存在问题

· 散步的时间存在问题

或许还有其他许多原因，但在建立假设的时候，应该从目前收集到的信息中选出可能性最高的假设来思考。然后在此基础上验证，找出最有可能的假设。

比如这个情况，如果自己对散步的线路很满意，而且散步的方法也对身体没有造成负担，那么"散步的时间存在问题"这一假设就是最有可能的。

这就是在你提出的"无法坚持散步的要因"之中，找出真正的问题存在于何处的"问题所在（Where）"的关键。

在验证散步的时间这一假说后，会发现因为将散步的时间设定在晚上下班回家后一小时，有时候会因为加班的关系回家后实在是累得不行，结果导致无法坚持散步，或者虽然坚持散步但却提不起精神。

这样一来我们就可以针对"散步的时间存在问题"这个假设，来思考"解决问题"的方法。也就是说，可以建立与解决问题相关、更加具有本质性的假设。

在这种情况下，"更改散步的时间"就是找出能够让散步坚持下去的关键Issue（最重要的课题）的假设。

"既然晚上很疲惫，那么就在清晨上班之前坚持散步""不搭乘地铁直接走路去上班"，如果能够建立起这些符合问题本质的假设，那么对解决问题会起到极大的帮助。

在"解决问题的笔记术"中，时刻保持假设的意识是非常重要的，请一定牢记这一点。

2. 追求成果

我们做笔记是为了解决问题，但做笔记本身不是目的。

只有在以取得成果为目的做笔记时，才能够称之为"解决问题的笔记术"。

麦肯锡在工作中时刻追求工作成果。正因为如此，麦肯锡流笔记术也同样追求成果。

这里所说的成果，指的是向除自己以外的第三者（上司、同事、客户等）发表企划、回答问题、报告。也就是说，是与面向自身的思考完全反向的行为。

一般的笔记术，大多数是通过做笔记这一行为来做记录或者整理信息。虽然这也很重要，但麦肯锡的笔记术在做笔记的基础上，还必须时刻保持"向第三者汇报"的意识。

3. 用故事线思考

麦肯锡笔记术的特征在于，其目的并非单纯记录过去已经发生的事情，而是为了解决问题，也就是说，是为了创建更美好的未来而做的笔记。

这需要我们时刻让各种各样的要素在笔记上更加活跃，让笔记生动起来。所谓生动的笔记，就是时间在笔记上不是静止的，而是流动的。

针对"想要解决这个问题""如果这件事情能够实现就好了"

这些"未来"的事情，在笔记中产生出"这样做的话是不是可以呢？"之类的方向，这就是"生动的笔记"。

　　如果将"生动的笔记"再换一种说法，那就是能够"用故事线"思考的笔记。

　　为了在有限的时间中及时解决问题，在笔记中也遵循解决问题的基本流程，并且使用"故事线"来思考就显得非常重要。

　　所谓用故事线思考，是指在看事物的时候不能只看一部分，而要在把握整体情况的基础上分析事物所处的状况，然后思考事物接下来将会发生怎样的变化。

　　按照解决问题的基本流程【设定问题和Issue→整理课题并分解其结构→搜寻现场的信息→建立解决方案的假设→验证假设→决定解决方案→实行解决方案】这一故事线，使用笔记实现目标。

　　也就是说，关键在于将笔记作为一个描写解决问题的故事的脚本。

麦肯锡流 "3个笔记" + α

我在麦肯锡工作时，按照解决问题的流程分别使用三种笔记。

收集信息时使用的是"横线笔记"，为了把握问题和解决问题而整理思路时使用的是"方格笔记"，为了在实际发表成果、建立表格时使用的是原创的"麦肯锡笔记"。

原创笔记通称为"麦肯锡笔记"

这是专门用来发表成果的麦肯锡独创的方格笔记，也是最方便创建图表（图解）的笔记。笔记上的淡蓝色线条在复印时不会显示出来。

基本上来说，这也可以称为"方格笔记"，不过在最上面是"标题"的位置，中间是用来画图表的长方形框，最下面必须是用来标明出处的"source"。

中间有一个长方形框是"麦肯锡笔记"的关键。将图表画在这个方框内已经成为每一名麦肯锡员工的习惯。现在回忆起来，我之所以能够画出简洁的图表，这个长方形框的存在可谓功不可没。

将图表画在长方形框的内部，可以给周围留下余白，从而产生出视觉上的平衡感。

第一次看到麦肯锡笔记的时候，可能会想"这也是笔记？"但实际上这个麦肯锡笔记正是"解决问题的笔记"的象征。

"一个图表，一条信息"，在麦肯锡笔记上只有需要传达的内容，除此之外没有任何多余的要素。

图画形式的麦肯锡笔记是我在麦肯锡工作时常用的笔记类型，现在虽然有了革新和进化，但麦肯锡笔记本身的宗旨是没变的。作为以取得成果为目标的笔记，关键在于将"什么是最重要的"这一想法与第三者共享，因此在笔记的设计上必须以便于整理思路为主。

方格笔记

基本上和麦肯锡笔记相同的方格笔记，但没有用来写标题的横线和画图表的长方形框，只是很常见的方格笔记。

主要用来把握问题、整理 Issue、对解决问题的整体情况进行分析和设计，属于用来整理思路的笔记。如果说麦肯锡笔记是为了最终发表意见，从而在一定程度上将总结出来的思考进行图解和确认的笔记，那么普通的方格笔记就是更方便整理还没有总结出来的思考的笔记。

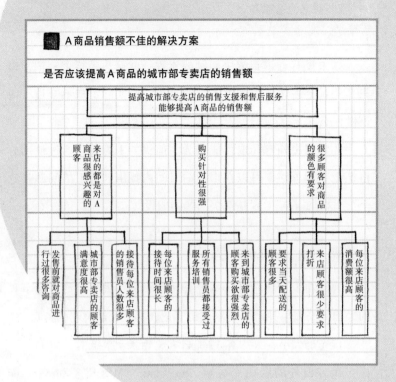

A商品销售额不佳的解决方案

是否应该提高A商品的城市部专卖店的销售额

提高城市部专卖店的销售支援和售后服务
能够提高A商品的销售额

| 来店的顾客都是对商品很感兴趣的A | 购买针对性很强 | 很多顾客对商品的颜色有要求 |

发售前就对商品进行过很多咨询

城市部专卖店的顾客满意度很高

接待每位来店顾客的销售员人数很多

每位来店顾客的接待时间很长

所有销售员都接受过服务培训

来到城市部专卖店的顾客购买欲很强烈

要求当天配送的顾客很多

来店顾客很少要求打折

每位来店顾客的消费额很高

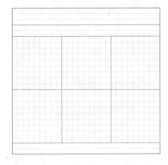

麦肯锡笔记

·基本来说属于"方格笔记",但最上方有写"标题"的地方,中央是用来画图表(图解)的长方形框,最下方是用来标记出处的位置。

·利用"一个图表,一条信息"的方式来进行具体的描述,除此之外没有任何多余的要素。完全是"解决问题的笔记"。

如果没有意识到解决问题的流程，就算写满整个笔记，也只是"看上去做了很多思考"的笔记，但实际上却不知道"应该做什么"。

在以解决问题和取得成果为大前提的麦肯锡，通过使用方格笔记整理思路，可以在很短的时间内找出"真正的问题是这个""这是Issue""这是解决问题的假设"。

大前研一的"特制方格笔记"

曾经在麦肯锡担任日本分公司董事长、太平洋地区董事长的大前研一先生独创的特制方格笔记，具有更加鲜明的特点。

首先是大小，大约有A2那么大（相当于报纸的一面）。

在方格外的余白处写着"So What""MECE""Zero-based Thinking"等用来发现好创意的麦肯锡名言（口头禅）。当时，这个笔记在咨询顾问群体中大受好评，很快就销售一空。

大前先生在解释使用这个巨大的特制笔记的理由时这样说道：

> 笔记就像是思考的画布一样，既可以写字也可以绘画，完全按照个人的自由。我在使用这个笔记时一般是从左下到右上的顺序书写。而我使用普通的笔记时一般是按照表格线从左到右从上到下书写。

如何解决A商品销售额不佳的问题

提高城市部专卖店的销售支援和售后服务能够提高A商品的销售额

来店的都是对A商品很感兴趣的顾客

城市部专卖店的顾客满意度很高

来到城市部专卖店的顾客购买欲很强烈

购买针对性很强

每位来店顾客的接待时间很长

来店顾客很少要求打折

方格笔记

·方格笔记可以根据当时的思考整理方法自由选择横着用还是竖着用。

·在制作图表草稿时也非常方便。

·用带有方格的笔记比用白纸更加易于整理思路和分解问题的结构，还可以提高关注相关信息的意识。

但是，语言和理论是从左脑优先开始的作业。无法刺激负责直觉、创造和洞察的右脑活动。所以在需要创意的时候，应该用左眼开始看这个笔记，在给右脑刺激的同时向右侧的空间进行书写。

在麦肯锡，"对前提保持怀疑"是非常理所当然的事情，大前先生的笔记也是因为对"按照表格线从左到右从上到下书写"这一前提保持怀疑，所以才找到了"更加容易发现创意的笔记使用方法"。

这种特制方格笔记常用来整理混乱的思路，以及为了把握问题的整体情况而描绘庞大的草图（Big picture）进行思考时使用。

便于在现场使用的"横线笔记"

这种笔记并非麦肯锡发明的，而是市面上很常见的横线笔记。

横线笔记主要在为了把握现状收集信息时，以及在现场进行调查时使用。

当时在麦肯锡，横线笔记是办公室最常见的办公用品，因为其封面和封底都是硬皮纸，所以很方便携带到现场使用。

在解决问题的过程中，为了收集信息和验证假设，经常需要前往"现场"调查。就像刑警调查取证一样。在这个时候，横线笔记就派上用场了。

在横线笔记上记录的内容可以很随意，这也是有原因的。尽管在"麦肯锡流笔记术"中，用笔记整理思路，对思考进行深入挖掘，找出解决问题的方法非常重要，但在此之前的阶段，也就是大量收集信息"随意记录"的过程也同样不能忽视。

如果在现场进行调查的阶段就将重点总结出来，那么很容易被自己头脑中的条条框框束缚而对信息进行取舍选择。这样可能会导致真正重要的内容被排除掉。

这一点也和刑警进行调查取证一样，最关键信息很可能就存在于"很随意的一句话"中。为了不错过任何有价值的线索，必须抛弃一切预先的判断，将每一句话都写进笔记中，之后再使用"麦肯锡笔记"或"方格笔记"，通过"笔记思考"找出Issue并且找出解决办法。

有一位前辈会在现场将对方说的每一句话都一字不漏地记下来，甚至还自嘲说"我都得腱鞘炎了"，在看起来风光无限的咨询顾问工作的背后，也有这样不为人知的辛酸。

Why （原因）	·A商品陈旧了吗？ ·在价格竞争中失败了 ·在店铺中不显眼 ·促销政策不足
How （对策）	·最好将新商品投入市场 ·通过降价来维持销量 ·尝试展开促销活动
Where （对策）	·城市部的销量还可以 ·地方部的销量急剧下降　　→　似乎具有 ·专卖店的销量还可以　　　↗　关联性 ·量贩店的销量很差

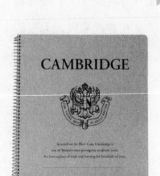

横线笔记

·主要用来收集信息，在现场进行调查时使用。

·在收集信息和进行调查时，用横线笔记将信息一字不漏地记录下来。

·如果在现场调查阶段就对重点进行总结的话，可能会遗漏真正重要的内容，必须注意这一点！

工作能力强的人一开始笔记也很乱？

头脑聪明的人，工作能力很强的人，一定从一开始笔记就写得很整洁。

或许很多人都会这样想吧，但实际上并非如此。很多麦肯锡的精英和前辈的笔记本，实际上并不像你们想象的那样是"看起来很整洁的笔记本"。

正如我在本书中反复强调的一样，我们使用笔记的目的不是为了把笔记做得很漂亮，而是为了创建更加美好的未来，解决客户的问题。

甚至可以说，以解决问题为目的的笔记，只要能够找到真正的问题（Issue），展开思考，或是更深层地挖掘思考，即便看上去"很乱"也无所谓。

这正是你使用笔记做出了大量思考的证据。在按照问题解决的流程使用笔记的过程中，最终你肯定能够将思路整理得非常清晰，并且在笔记上非常简洁地描绘出成果。

"笔记乱一点也无所谓"

我在麦肯锡时的一位同事这样说过。通过在笔记上做记录的这个"思考之旅",可以找到解决问题的目标。

与做一份漂亮的笔记相比,能够促进思考、找到崭新创意的笔记更加重要。也就是说,笔记的关键在于整理思路,对思考进行深入挖掘。

那些能够深入思考,顺利解决问题的人看起来都十分能干。这样的人能够不断地从看起来很混乱的笔记中,凭借直觉找出真正有价值的内容。而且,这样的人也能够将散乱的信息和情报联系起来,并且做出结构化的整理。

前文中为大家介绍了在开始动手写笔记之前应该掌握的麦肯锡流笔记术的准备。

无论是哪一种体育运动,如果在开始实践之前没有理解"什么最重要"这一基本概念,那么结果一定会出现极大的差异。笔记术实际上也是这样。

做笔记的行为,任何人都可以立刻开始实践,但如果是以解决问题、取得结果为目的的笔记术,那么在动手之前的"准备"是非常重要的。在掌握了这些"准备"之后开始使用笔记,就可以提高工作的品质和效率。

第 2 章

麦肯锡流
"解决问题笔记"的使用方法

接下来是麦肯锡流笔记术的实践篇。

或许有人认为，使用笔记整理思路，通过动手做笔记来取得成果是一件很难的事情。实际上完全不必有这种顾虑，因为有一种最适合解决问题的笔记术，基本上只要按照这个步骤来就可以。

解决问题的笔记术大致可以概括如下：

1.从收集到的信息之中找出"真正的问题=Issue"的笔记

2.针对真正的问题建立"这样做应该能够解决"的假设的笔记

3.验证假设是否成立的笔记

4.为了执行实际的解决方案对提案进行总结的笔记

只要掌握了这四种笔记的使用方法，那么以解决问题为目标的思考整理和取得成果都将变得非常高效而且轻松。

按照"解决问题"的四个步骤使用笔记

麦肯锡流笔记术的最大特点就是按照解决问题的流程（作业设计图）来区别使用笔记。

接下来我为大家介绍的笔记使用方法将会根据解决问题的步骤有所改变。在第1章中，我为大家介绍了麦肯锡内部经常使用的"3种笔记"，但是在解决问题的各个步骤中，分别有最合适的笔记。

收集信息时使用"横线笔记"；为了寻找Issue和假设而把握问题，以及为了分析设计而整理思路时使用"方格笔记"；实际制作资料时使用"麦肯锡笔记"，通过区分使用笔记，可以提高解决问题的效率和品质。

使用笔记制作解决问题的设计图，也就是"使用笔记进行假设思考"和"以取得成果为目的进行思考"的方法被统称为"笔记思考"，但很多人在使用笔记的时候往往没有这种思考意识，所以并不能称得上是"笔记思考"。

如果没有进行笔记思考的话结果会变成怎样呢？盲目地做笔记只会"机械性地记录"，结果导致"无法分解信息的结

构""行动没有被准确地记录"。

这样的笔记不管做多少也只是"机械性地记录"而已，因为没有"整理思考"的缘故，所以无法找到什么是真正的问题，以及应该怎样做才能够解决问题。

那么，应该怎样做才能够使用"笔记思考"来"整理思考"呢？其实要做到这一点非常简单，只要按照解决问题的4个步骤，按照每个步骤选择合适的笔记使用方法，自然地就可以整理思考了。

在后文中我即将为大家介绍每一种笔记的具体做法，但首先我想为大家介绍一下在使用笔记之前需要注意的地方。

使用笔记前需要注意的事项
解决问题的"问题"分为两种

我们每天所做的任何工作，从本质上来说，都是为了解决某种问题。

麦肯锡流笔记术，就是将"解决问题"与笔记思考完美结合，同时提高工作的品质和效率。事实上，"解决问题"的问题共分为两种。

或许有人会想，问题不就是问题吗，怎么还要分为两种？但实际上使用笔记来解决问题的时候，**"问题"也具有很大的区别，必须首先了解这一点。**

比如你负责的销售部门出现了销售额下滑的情况，那么这就是必须要解决的问题。

当你对部门进行内部调查、与员工沟通后，发现了以下这些"问题"。

- 新商品销量不好

- 因为达不到销售目标，所以员工的工作积极性不高

- 针对取得成绩的激励不足

- 销售会议的出席率太差

- 无法开拓新顾客

那么，是否只要逐一解决这些"问题"，部门的销售额就会得到提高呢？

毫无疑问，你经过调查后找出的这些事实都是"问题"。但这些绝对不是全部的问题。比如与顾客相关的问题，如果对状况进行更详细的调查分析就会发现，问题不只是"无法开拓新顾客"，实际上就连在老顾客中也存在投诉等信赖度降低、对销售人员的满意度下降等现象。

通过调查与交流发现的"第一种"问题，是已经发生的表面问题，如果不能够从根本上解决问题的话，这样的问题还会再次出现。

如果总是重复治标不治本的解决方案，那么问题就会像打地鼠一样反复地出现，永远也得不到真正的解决。

要想真正解决问题，就必须了解"这件事本质上应该是什么样的"，从根本上杜绝问题的发生。

比如刚才的这个问题，由于销售部门的强项在于顾客服务，

而不是新产品开发，因此应该暂停推销新商品和开拓新顾客，将精力都集中在解决现有顾客的问题以及满足现有顾客的需求。

在这种情况下，导致销售部门销售业绩不佳的"真正的问题"，在于明确"自己在销售工作中的强项"。这才是比表面问题更加深入的"第二种"问题，也就是本质问题。

此处的关键在于从"表面的问题"中**找出与"应有状态"之间的差距 = "问题"，并且使其可视化**。

也就是说，如果没有人设定一个"真正的问题是这个"的Issue，那么这个"问题"就永远也不会浮出水面。

让我们一起来整理一下。

解决问题的"问题"分为两种。

第一种是我们很容易发现的"已经发生的问题"。当A商品销量不佳的时候，我们会第一时间思考"访问次数少""价格太高""销售负责人的人手不足"等问题。

第二种是我们不太能够注意到的"真正的问题"。这时，要从"应该怎么做"出发，思考如何杜绝问题发生。如果销售新商品本身不是我们的强项，那么最好是扬长避短，采取其他的方法来提高销量。这就是思考"更深层次的真正的问题"。

对这两种问题进行整理之后我们不难发现，对于很容易发现的表面问题，我们尽管能够立刻采取对策，但这类问题却像打地鼠一样经常会换一种形式再次出现。这也是我们常说的"反应型"问题。

与之相对的，经过与"应有状态"做对比，自己设定Issue的这类问题，因为是自己主动寻找出来的，所以被称为"率先型"问题。

麦肯锡流笔记术所针对的就是这种由我们自己主动发现的"率先型"问题。

在实际工作中，与很容易被发现的"反应型"问题相比，**按照"解决问题的基本流程"，通过做笔记发现隐藏在表面之下的"率先型"问题更加重要。**

解决问题的4个步骤

接下来让我们一起来确认一下解决问题的4个步骤：

STEP1　定义（设定）什么是本质的问题？也就是说，什么是真正的问题（Issue）

STEP2　建立假设（针对问题的暂定的解决办法）

STEP3　验证假设

STEP4　总结成果＝制作用来发表的资料和报告的资料

在这4个步骤之中，分别存在4种不同的笔记使用方法：

STEP1　发现真正问题的笔记使用方法

STEP2　建立假设的笔记使用方法

STEP3　验证假设的笔记使用方法

STEP4　验证假设（解决方案）之后取得成果的笔记使用方法

按照解决问题的步骤使用相应笔记的过程大致如下。

首先，根据现场调查的结果在"横线笔记"上写出首级重要的信息，然后从这些信息之中找出"应该解决的真正的问题=Issue"。然后用"方格笔记"一边整理思考一边建立解决问题的"假设"。接下来思考故事线、验证假设、整体设计以及想要传达的信息，将这些都总结在"麦肯锡笔记"的图表上。

由此可见，需要做的事情并不复杂。或许还会有人觉得，这么简单的事情不用笔记也能够做到，但实际上人类的大脑很容易被"偏见"和"过去的经验"所干扰，导致看问题不够全面。

所以我们需要使用笔记，尽可能多地收集信息，一边动手一边进行理论思考，这样才能在解决问题的时候不受偏见和过去经验的干扰。

那么，接下来让我们具体地了解一下按照解决问题的步骤使用不同笔记的方法。

解决问题的4个步骤中笔记使用方法的概念图

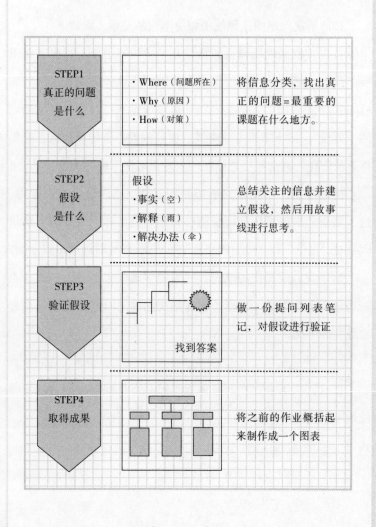

STEP1 用来找出真正问题的笔记

关键1 思考 "Where（问题所在）" "Why（原因）"
　　　 "How（对策）"
主要使用的笔记 "横线笔记" + "方格笔记"

STEP1 找出真正的问题（本节）➡ STEP2 建立解决
方案的假设 ➡ STEP3 验证假设 ➡ STEP4 取得成果

在STEP1之中，要从目前的状况中找出应该关注的"真正
的问题"，思考应该如何使用笔记才能够找出"这是不是最重要
的课题"这一Issue。

比如某企业面临"A商品销量不佳"的状况。这一状况显
示出的信息包括市场要因、销售渠道的要因、商品本身的要因、
顾客的要因、公司组织的要因、商品销售相关人员的要因等许
多内容。

我们必须在这许多内容之中找出造成销量不佳这一状况的

"真正的问题 =Issue"。

当然我们不可能一开始就使用笔记非常简单地找出"真正的问题 =Issue"。在实际工作中，绝大多数情况下都需要从上司和客户那里获得"问题的背景""解决问题的意图""解决问题的时限目标"等信息。

在掌握这些信息之后，要以此为基础向周围的前辈和经验丰富的专家请教"在这样的情况下，问题一般存在于什么地方"，或者先彻底查阅过去的案例以及报告。

也就是说，在这个阶段要在与问题相关人员沟通的同时，积极借助外界专业人士的力量，听取意见，多收集能够找出真正问题的参考信息。当然上述的一切都是通过笔记来完成的。

我在麦肯锡刚开始做 BA（商业分析师）的时候，大前先生和经理经常对我说"首先要读完和你的身高一样高的报告"。

这样做的理由是，**随着报告阅读量的增加，你自然而然地就会知道面对什么样的问题应该采取什么样的解决办法，建立什么样的假设会更有效果。**

也就是说，学习前辈们解决问题的过程，并且将其加入到自己的"笔记思考"中，当自己遇到必须解决的"问题"时，就会很自然地联想到相应的方法。

因此，平时就应该多向经验丰富的上司和前辈学习，将他们的知识与智慧收归己用。

通过资料和他人收集信息并不是咨询顾问才做的事。在任何工作中如果没有相应的信息收集，都无法取得令人满意的成果。仅凭自己手中的信息，贸然地建立假设，很难发现问题的本质，更别提解决真正的问题了。

为了找出真正的问题，必须收集大量的信息，在这个时候很多人都会遇到下面这3个烦恼：

"应该收集什么信息，收集多少信息才好……"

"应该如何整理和理解收集到的信息……"

"整理出来的信息应该提取哪些部分……"

首先，最基本的做法是将收集到的信息按照 **"Where（问题所在）""Why（原因）""How（对策）"** 三种意义区分。

比如针对A商品销量不佳的状况收集到的信息如下：

与A商品销量不佳相关的信息

Where（问题所在）

·城市部销量很好

·地方部销量急速下降

·专卖店的销量很好

·量贩店的销量很差

·初次购买的顾客减少

Why（原因）

·A商品过时了？

·在价格竞争中失败了

·商品功能难以传达给顾客

·店铺不显眼

·促销政策不足

How（对策）

·应该投入新商品

·应该对商品进行更详细的介绍

·通过降价保证销量

·开展促销活动

·A商品没有前途应该停止销售

　　像这样将收集到的信息按照"Where（问题所在）""Why（原因）""How（对策）"三种意义进行分类是为了解决问题而整理思路的第一步。

　　在寻找真正问题的时候的关键，首先是思考"Where（问题所在）"。"Where（问题所在）"，换句话说，就是找出问题的本质是什么。

　　如果没有找到"Where（问题所在）"就开始思考"Why（原因）"和"How（对策）"，那么原因和对策会缺少针对性，而且从中提取出的信息也千差万别。

　　很多人都急于思考"Why（原因）"和"How（对策）"，但如果没有搞清楚问题的定义＝"Where（问题所在）"的话，那么不管找出多少"Why（原因）"和"How（对策）"都无法解决问题。

　　或许会有人认为，既然如此那么从一开始就只收集与"Where（问题所在）"相关的信息就行了。但实际上在出现问题的时候，就算专门针对"这个问题究竟出在什么地方"来收集信息，也很难找到准确的答案。

　　所以应该同时收集"Why（原因）"和"How（对策）"的信息，**从综合的信息中找出"Where（问题所在）"，在笔记本上对有关联的信息做出分析**。比如A商品存在"城市部销量很好"但"地方部销量急速下降"的事实，那么可能是因为在城市部拥有很多"专卖店"保障了销量。

　　另外关于"量贩店的销量很差"和"初次购买的顾客减少"这一信息，可能是因为更容易吸引初次购买顾客的量贩店业绩不佳，所以导致初次购买的顾客减少。

　　那么通过上述信息我们能够知道什么呢？

　　我们能够找到这样的Issue（最重要的课题）：因为"城市部专卖店能够保持销量"，那么要想解决A商品销量不佳的问题，城市部专卖店的销售方法或许能够给我们提供一些灵感。

区分"Where（问题所在）""Why（原因）" "How（对策）"的笔记例子

因为在价格竞争中失败了

利用笔记整理信息，
找出问题究竟出在何处

当我们在笔记上将收集到的信息按照 "Where（问题所在）""Why（原因）""How（对策）" 三种意义区分开来之后，就能够找出与解决问题相关的最重要的内容=论点。

然后我们就可以将与这个论点相关的所有信息整理和连接起来，从中找出新的发现，修正自己的认知偏差，建立假设。

STEP2 用来建立假设的笔记

关键1　分组
主要使用的笔记　"方格笔记"

STEP1 找出真正的问题 ➡ STEP2 建立解决办法的假设（本节）➡ STEP3 验证假设 ➡ STEP4 取得成果

　　一旦发现真正的问题=Issue可能存在的地方，就应该建立"如果这样做或许能够解决问题"的解决办法这样的假设。这时候需要用到方格笔记，方格笔记在制作图表时非常方便。

　　首先要在笔记上分组整理关注的信息。在这个阶段不必再收集新的信息，而是用STEP1中找出的"Where（问题所在）"，用A商品销量不佳的例子来说就是"城市部专卖店的销售方法"中比较关注的信息分组。

　　分组时的方法和之前按照"Where（问题所在）""Why（原

因)""How（对策）"进行区分时的方法相同。

将关注的信息分为"事实""解释""行动"三组。

用麦肯锡经常使用，如今在绝大多数的商业活动现场都十分常见的"空雨伞"的图表，可以非常轻松地对"事实""解释""行动"进行分组。

天空有乌云（事实）→看样子要下雨（解释）→应该带雨伞（行动）

像这样"空雨伞"的图表，在对眼前发生的事实做出解释，导出必要的行动时非常方便。在建立解决办法假设的阶段，使用这个图表可以很容易地建立最终的行动＝建立解决办法的假设。

这一步骤中的关键在于不要将不同的问题和信息分到一起。比如对于"天空有乌云"这个事实，加入"每次我带伞出门都不会下雨"这种解释也只是个人主观上的想法，但如果将这一情况和"事实"一起分组，那么最后取得的成果恐怕会有偏差。

通常，从"真的是这样吗"这样批判性的角度来验证假设，就可以避免因采取不正确的行动而导致的失败。

在笔记上对"事实""解释""行动"进行分组时，可以在页面左侧的部分做一个标签用来帮助自己确认"这是关于什么内容的信息"，最好画一条竖线来对页面做划分，或者直接选用一个有分割线的笔记。

制作标签时最重要的一点就是用具体的语言来概括标签的内容。在建立假设的时候，选用的语言具有非常重要的意义。**用一条信息的具体表达来作为提问的形式是一个"好标签"的必备条件。**

比如"A商品的城市部专卖店的销售方法"这个主题，可以选择"是否应该提高A商品城市部的销量"这样一个提问形式的标签来作为假设。

之所以要用具体的语言来表达一条信息，是因为使用的表达越具体越简单，应该解决和关注的主题就越明确。

选用提问形式也有其自身的道理。通过提问的形式将信息表现出来，可以促使我们的大脑回答问题，从而更利于集中意识。只要回答提问＝问题，就是在开始验证假设是否正确。

也就是说，当我们为了回答提问而开始思考时，就已经开始朝着解决问题的方向前进了，这就是提问的力量。因此，找到一个优秀的提问形式的标签至关重要。

尽管这只是很小的细节，但找到一个优秀的标签往往是成功解决问题的秘诀之一。

接下来就让我们将"A商品的城市部的销售方法"这一主题落实到更具体的层级成为一个假设，用"是否应该提高A商品城市部的销量"的标签写在笔记上进行分析。

A商品的城市部专卖店的销售方法

标签

"是否应该提高A商品城市部的销量"

事实……空

· 接待每位来店顾客的时间比量贩店更长

· 面对来店顾客详细的询问店员也能够做出对应

· 专门前来购买的顾客很多

· 来店顾客很少要求打折

解释……雨

· 希望得到认真接待和说明的顾客会主动来到专卖店

· 通过对应用户的疑问和咨询可以提高购买欲

· 有顾客对A商品非常信赖

行动……伞

· 通过对城市部专卖店的销售提供更加强有力的支援，可以提高A商品的销量

根据"事实""解释""行动"将关注的信息分组，会发现A商品的忠实顾客会主动前往城市部的专卖店，并且与专卖店

分组笔记导出假设的例子

是否应该提高A商品城市部的销量？

A商品的城市部专卖店的销售方法

◇ 事实……空
· 接待每位来店顾客的时间比量贩店更长
· 面对来店顾客详细的询问店员也能够做出对应
· 专门前来购买的顾客很多
· 来店顾客很少要求打折

◇ 解释……雨
· 希望得到认真接待和说明的顾客会主动来到专卖店
· 通过对应用户的疑问和咨询可以提高购买欲
· 有顾客对A商品非常信赖

◇ 行动……伞
· 通过对城市部专卖店的销售提供更加强有力的支援，可以提高A商品的销量

 使用"空雨伞"的图表，在笔记上将信息分组，找出问题（Issue）

的店员之间保持着良好的关系。这样的话，如果对城市部专卖店的人员做进一步的培训，提高对核心顾客的服务质量，那么A商品的销量或许会得到进一步的提高。

要想解决 "A商品" 销量不佳的问题，不应该将重心放在销量急剧下降的地方部的量贩店上，而应该建立对城市部专卖店提供更加强有力的销售支援的假设。

也就是说，针对 "A商品销量不佳这一状况" 的解决问题的假设，正是 "是否应该提高A商品城市部的销量"。

在这个事例中，真正的问题并不是A商品本身销量不佳。

将销售资源分散在销量不佳的地方部量贩店才是 "真正的问题"。也就是说，只要给与顾客之间联系紧密的城市部专卖店提供更加有力的销售支援和客户服务，就可以实现增加销量这一目标。

关键2　思考故事线
主要使用的笔记　"横线笔记" + "方格笔记"

在STEP2中建立起假设之后，进入STEP3的验证假设之前，还有一件事需要做，那就是根据假设思考执行解决方案的故事线（起承转合）。

当然在这个阶段，假设不一定是完全正确的，但是这也没关系。就算是不完全正确的假设，在思考故事线（起承转合）之后再进行验证，可以与最终的解决方案进行对照，这样能够更精确地验证假设。

在笔记本上描绘出解决问题的整体故事线

接下来我将为大家介绍描绘故事线的顺序，首先是在STEP1之中明确"真正的问题"，找出什么才是真正应该回答的问题，即Issue（最重要的课题）。

在导致A商品销量不佳的诸多要素之中，找出"城市部专卖店的销售方法或许能够给我们提供灵感"这个重要课题。然后从应该做什么这一视点建立起"通过加强对城市部专卖店的销售支援，提高A商品销量"的假设。

在建立起这个假设之后，就应该在笔记本上描绘出解决问题的整体的故事线。

听到故事线这个词，或许会有人认为这一定非常复杂，但如果换一个说法，这其实就是一个用来概括解决问题过程的"起承转合的脚本"。

比如一个大团圆结局的电影剧本，首先是登场人物之间发生的事件（起），然后是由此带来各种各样的问题（承），通过解决这些问题，人与人之间的感情进一步加深（转），登场人物们开始新的旅程（合）。与之相同，解决问题的过程也需要在笔记本上描绘出一个故事线（剧本）。

使用笔记解决问题的故事线的顺序

> 如何解决
> A商品销量不佳的问题？

① 明确 Issue = 真正应该解决的问题

　　例）城市部专卖店的销售方法能够提供什么灵感？

② 建立假设 = 为了解决真正问题的暂时的答案·方案

　　例）通过加强对城市部专卖店的销售支援来提高A商

　　品的销量

找到正确的Issue和假设之后，
就可以描绘解决问题的整体的故事线

> 故事线
> （起）解决A商品销量不佳问题的关键在城市部专卖店
> （承）通过加强对城市部专卖店的销售支援来提高销量
> （转）验证对城市部专卖店的接待客人的方法
> （合）将人员和预算重点分配给城市部专卖店

③ 通过假设验证确认这个故事线是否正确，如果正确

　　的话就开始执行

　　例）挑选几家城市部专卖店进行访问，验证顾客对应

　　是否会影响销量

确定脚本后，描绘设计图

麦肯锡的咨询顾问，在绝大多数情况下都要在短短3~6个月的时间内解决一个课题（咨询顾问项目）。他们之所以能够在这么短的时间取得成果，是因为他们从一开始就是以取得成果（向客户提交建议书等最终成果物）为目的进行整体的工作设计。

描绘出从开始到结束的整个故事线，设定最终的结论（关键信息），将理由和事实综合起来思考，这样才能明确应该做的事情（验证假设等），采取最有效率的解决问题的行动。

要想在短时间内解决问题，**关键在于要在能够确定解决问题的故事线的阶段，在笔记本中描绘出解决问题的整体"设计图"。也就是说，在初期阶段就要有一个明确的目标概念。**

就像电影的拍摄现场一样，首先要有一个包括全部故事的剧本，然后以此为基础制作出各个场景的影像设计图（用画面来表现使用什么样的背景、道具，都有哪些登场人物、如何行动），最后根据这个设计图来指导演员应该如何表演。

如果只有故事而没有设计图，或许也能拍出"像电影一样的东西"。但没有设计图的话，或许会让本来想要表现的影像和传达的信息出现偏差，结果导致不知道应该怎么调整才好。

解决问题也是一样，所以在能够看得见故事线的阶段就应该在笔记本上描绘出整体的作业设计图。解决问题时的作业设计图就相当于电影中的影像设计图，在笔记本上描绘出"这个要素，用这个图表来表现"的设计图，可以使你的结论更加具有说服力。

STEP3 用来验证假设的笔记

> **关键1** 事前在笔记上做好提问列表
>
> **主要使用的笔记** "横线笔记"

STEP1 找出真正的问题 ➡ **STEP2** 建立解决办法的假设 ➡ **STEP3** 验证假设（本节）➡ **STEP4** 取得成果

要想知道在STEP2中通过分组找出的与解决办法相关的"假设"是否正确，我们需要将这个"假设"带到现场进行验证。虽然还有其他验证假设的方法，但带着假设和笔记本亲自前往现场是最基本的做法。

在这个时候，麦肯锡的员工一定会使用"横线笔记"，使用这种笔记即便在办公室之外也能够将信息一字不漏地全部记录下来。根据我的经验，当需要记录大量信息的时候横线笔记是用起来最方便的。

当然也有使用录音笔来记录之后总结成问题的方法，但我认为还是实时观察对方的表情、语调以及态度然后进行记录的这种做法更容易找到有价值的线索。

为了在现场验证"假设"，**事先准备一个"提问列表笔记"尤为重要**。

在麦肯锡有一条很重要的法则，那就是"没有'提问列表笔记'就不能去现场调查"。

为什么"提问列表笔记"这么重要呢？因为要想让"Where（问题所在）""Why（原因）""How（对策）"这三个要素完美地结合起来，必须充分地准备提问和做假设。

比如为了提高"A商品"的销量，建立"加强城市部专卖店的销售支援"的假设，接下来必须通过对**"Where（问题所在）""Why（原因）""How（对策）"**提问来验证这个假设。

假设

加强对城市部专卖店的销售支援可以提高A商品的销量

针对"Where（问题所在）"的提问……

城市部专卖店接待顾客的平均时长是多少？

平均30分钟（量贩店平均不到10分钟）

验证假说的提问列表笔记

	采访目的
	验证"加强对城市部专卖店的销售支援可以提高A商品的销量"这一假设
针对"Where（问题所在）"的提问……	**问题1** 城市部专卖店接待顾客的平均时长是多少？ 平均30分钟（量贩店平均不到10分钟）
针对"Why（原因）"的提问……	**问题2** 城市部专卖店的接待内容是什么？ 大部分时间都在对顾客详细地介绍商品的有效使用方法和具体用途。
针对"How（对策）"的提问……	**问题3** 如何应对顾客的疑问？ 将用户活用商品的事例整理成小册子在店铺内发送（因为这种小册子只能在专卖店内得到，这也会成为顾客来店的动机）

针对 "Why（原因）" 的提问……

城市部专卖店的接待内容是什么？

大部分时间都在对顾客详细地介绍商品的有效使用方法和具体用途。

针对 "How（对策）" 的提问……

如何应对顾客的疑问？

将用户活用商品的事例整理成小册子在店铺内发送（因为这种小册子只能在专卖店内得到，这也会成为顾客来店的动机）

如果 "加强对城市部专卖店的销售支援和客户服务" 与提高 "A商品" 销量的假设有关系，那么通过对一系列提问的回答，可能会找到与 "Where（问题所在）""Why（原因）""How（对策）" 相关的灵感。

也就是说，**从针对假设提出的问题之中得到的回答，如果相互之间没有矛盾，那就能够验证这个假设，迅速执行解决方案。**

为什么像这样的验证非常重要呢？大家或许都有过这样的经历，那就是当我们遇到某种问题的时候，往往会首先想到方法也就是How（对策）。

有一位麦肯锡的前辈，在他还是一名新人时去到现场做调查，结果被经理批评说"你一直在说How（对策）"，他直到现在还对这件事记忆犹新。

比如面对"必须早起，但却起不来"这个问题，人们往往会首先想到"只要早点睡就可以了"的How（对策）。

但在这个问题的情况下，"早点睡"这个"How（对策）"是否有效，完全是由"Where（问题所在）"决定的。如果早上起不来的"真正的问题"在于没有认识到早起的必然性，那么就算早点睡也只不过是延长了睡眠时间而已，并不能解决早上起不来的问题。所以，必须针对给早起创造必然性的"Where（问题所在）"来思考"How（对策）"才行。

之所以会出现这种情况，是因为当人类的存在"明明必须这样做，但是却做不到"这种自我矛盾心理时，会因为这种状态产生不快，希望尽早消除。

这在心理学上被称为"认知不协调"，面对自身存在的矛盾，人类首先想到的不是这个矛盾是否能够真正消除，而是专注于**"想要消除这种不愉快的心情"这件事，所以就算无法解决本质上的问题，也会第一时间想出一个对策。**

同样的现象也会出现在解决问题的时候。

如果在A商品销量不佳的地方量贩店对店员询问"你们认为这个商品为什么卖不出去？"，或许只能得到"与竞争商品相比价格太高""与竞争商品相比功能太少""本来就不怎么受欢迎"

之类的 "Why（原因）"。

当你进一步询问"希望采取什么样的促销政策"的"How（对策）"时，很有可能得到"希望降价""希望增加功能""希望用更受欢迎的商品取代"之类立刻就能够想到的回答。

在这些"How（对策）"之中，如果有你比较感兴趣的内容，那么你可能会产生出"这个办法或许可行"的想法，但实际上这样做是否能够解决你真正想要解决的问题呢？

在这个时候，验证针对"Where（问题所在）""Why（原因）""How（对策）"提出的假设就显得至关重要了。

关键2 通过不断的追问让提问进一步升华
主要使用的笔记 "横线笔记"

那么，如何有效地验证假设呢？最基本也是最简单的方法，**就是在现场对假设提问时不断地提出"优秀的问题"**。

一个"优秀的提问"，不能是单纯得到答案后就结束的提问，而是能够引发出更多的问题从而接近本质的提问。

比如对A商品销量不佳的商场做出"有没有与A商品相似且销量很好的商品？"的提问。如果得到"B商品销量很好"的回答，那么应该根据这个回答继续提问"这是为什么呢？""顾客都怎么购买B商品"。

　　结果会得到"很多人在试用过B商品的样品后就会选择购买"的回答。由此可见，A商品明明比B商品价格更低但是却销量不佳的原因，即没有试用品。接下来就应该对这个Issue进行验证。

　　像这样的提问，基本是根据丰富的经验在现场随机应变提出来的，但关键在于不要只满足于提出一个问题，**而应该保持追问的态度，针对得到的回答做出"这是为什么呢"的追问，一步一步加强验证的深度。**

　　在解决问题的现场，为了找出本质的原因，必须"重复五次为什么"。比如对"B商品销量很好"这个回答追问"这是为什么呢"，可以得到更进一步的回答"因为顾客可以试用样品"。如果再重复一次"为什么"进一步追问"为什么试用样品能够增加销量？"就会得到"通过试用样品可以使顾客获得安心感"这个想要得到的最终答案。

　　有时候为了验证假设，还需要改变场所重复问同样的问题。

　　比如对经营二手货商店的连锁企业进行的提问。对于二手货商店来说，如何收购到优质的二手商品（质量好而且有市场需求的商品）是经营中的重要因素。

　　那么希望加强收购的想法和店铺收购率不高的现实之间存在的矛盾就是非常重要的课题。为了验证"收购率不高是不是因为收购的价格太低"这个假设，需要通过对各个店铺提出许多问题来进行调查验证。

　　对位于城市中心的A店提出 "来店铺的顾客中，购买和出售的比率各为多少" 的问题，得到的回答是 "来购买的顾客占40%，来出售的顾客占60%"。

　　同样位于城市中心的B店也做出了同样的回答。如果同样位于城市中心的C店也做出相同回答的话，那么这其中就很有可能存在某种共同点。

　　在这种情况下，就算对其他位于城市中心的店铺提出同样的问题，也很有可能得到同样的答案。

　　接下来，为了使提问进化，可以提出 "来出售商品的顾客的活动范围大概有多大" 的追问。

　　结果发现与城市部店铺设定的商业圈相比，实际前来出售的顾客的商业圈范围更小。通过这个答案可以建立起 "城市部前来出售二手物品的顾客一般都没有车，所以难以将想要出售的东西拿到店铺。为了应对这个问题应该加上 "加强上门收购服务" 这样一个解决办法的假设。

STEP4 用来取得成果的笔记

关键1　经常建立概要笔记

主要使用的笔记　"麦肯锡笔记""方格笔记"

STEP1 找出真正的问题 ➡ **STEP2** 建立解决办法的假设 ➡ **STEP3** 验证假设 ➡ **STEP4** 取得成果（本节）

在验证解决办法的假设之后，就要开展总结概要的作业。这也是终于开始用笔记本来取得成果的第四个步骤。

麦肯锡流笔记术的特征之一，就是"以取得成果为目标"。

时刻牢记向客户提供提案资料等最终成果物，为了取得成果而使用笔记。

为什么要以取得成果为目标使用笔记呢？比如上司对你说"整理一下这次开会时候给A公司的提案战略资料"的时候，你是不是会马上转向电脑屏幕？

　　但是在麦肯锡，在整理需要发表的资料时，不能马上打开PowerPoint等软件是基础中的基础。

　　麦肯锡的精英们首先会使用笔记彻底整理思路，然后准确地描绘出故事线。之后使用麦肯锡笔记依照 "一个图表，一条信息" 的原则描绘图表的草图，最后才是用PowerPoint制作资料。

　　在使用PowerPoint正式制作资料之前，每天要在麦肯锡笔记上重复描绘10张，甚至20张的图表。通过动手在笔记本上绘图，可以深入思考，整理思路，反复琢磨想要传达的信息。

　　或许有人认为只有咨询顾问需要这么严格要求自己，但实际上并非如此。假设上司让你总结提交给A公司的提案战略资料，那么这就相当于解决 "为了提交给A公司的提案能够被采纳应该怎么做" 这个问题。也就是说，这和咨询顾问负责的解决问题的工作在本质上是相同的。

　　因此，你也不能马上打开电脑开始制作PPT，而是应该拿出笔记本，在上面写出 "能够让给A公司提案战略成功的故事线"。

　　虽然我们需要根据验证后的假设(解决办法)来制作提案书、报告书、演讲资料等成果，但实际上在我们做笔记的时候就已经能够看到 "成果的模样"。也就是说，**使用笔记的过程实际上是根据对成果的印象，然后推算解决问题的过程。**

　　与之相对的，在我们日常的工作中更常见的情况是分析大量的资料和数据，好不容易找出"解决办法"，却不知道应该如何对获得的成果做出更有逻辑和说服力的解释。

在麦肯锡，当发现基本的Issue和解决办法的时候，也同时能够发现应该怎么做才能取得有逻辑和说服力的成果。因此，麦肯锡的咨询顾问们才能够在短短几个月的时间内取得兼具"效率"和"品质"的成果。

比如为了验证假设而前往现场进行调查时，如果能够提出很有质量的"优秀问题"，那么可能只需要去3~4个地方就能够获得足以验证假设的信息。

在某男装量贩店的课题中，最初考虑的假设是通过提高商品的品牌影响力和店员的接待品质来提高销量，但是在解决问题的过程中却发现"与接待品质和品牌影响力相比，顾客更在乎家附近是否有店铺，以及能够在短时间内购买到自己所需商品的便利性"这一新的假设。

于是重新设计专卖店铺的展开和商品构成，并且通过"能够让顾客立即购买到所需商品"的销售方针来验证假设，经过对3~4家店铺的调查就能够推导出"男装量贩店需要具备像便利店一样的便利性"这一关键信息（成果）。

也就是说，我们在验证假设的阶段就已经掌握了"男装量贩店需要具备像便利店一样的便利性"这一成果（关键信息），因为我们同时掌握了提出理论的理由（顾客并不追求品牌的影响力和店员的接待质量)和根据(能够随意选择自己想要的商品、较方便的店铺更受欢迎)，所以自然不必再因为成果是否有说服力而感到烦恼了。

那么究竟应该如何使用笔记才能够提前把握成果呢? 秘诀就在于要**时刻有"概括"的意识**。

所谓"概括（Summary）"，指的是将主要内容简单地总结到一起，但麦肯锡流笔记术中所说的概括还有更深一层的意思。在咨询顾问这一行业中，有一个用来做"提案"的框架，在这个框架中所有的"事实"和"支撑事实的理由"都被概括在一个金字塔表格里，概括的意识，就相当于这个金字塔表格。

也就是说，将信息用简单易懂的形式综合起来，使其能够立刻传达给对方，这个过程就是"概括"。

在当今时代，这种"概括"的作业具有非常重要的意义。因为现在我们绝大多数的交流都是通过文字来完成的。LINE、twitter（推特）、Facebook（脸书）等社交媒体，以及电子邮件等工具都是我们日常生活和商业活动中必不可少的交流手段，因此用简单易懂的文字来传达信息具有极高的价值。

能否将自己想要传达的信息准确、快速、印象深刻地传达给对方，在很多情况下都具有非常重要的意义。

反过来说，越是具有高度"概括能力"的人，发出信息的

使用麦肯锡笔记进行概括的例子

■ **提升男装量贩店的销售额的对策**

男装量贩店需要具备便利店一样的便利性

写出理由

有结构地整理理由和根据

1）商品的品牌影响力无法吸引到顾客
- ➡ 与品牌影响力相比顾客更重视便利性（73%）
- ➡ 比起品牌，顾客更注重价格是否合理（78%）
- ➡ 比起品牌，顾客更重视性能（71%）

2）提高接待顾客的质量会给店员造成负担
- ➡ 顾客不希望店员接待自己的时间过长（85%）
- ➡ 如果店员积极向自己搭话，顾客会感到有压力（90%）
- ➡ 顾客在避免积极推销商品的店铺（95%）

3）会给顾客留下"这家店不方便"的印象
- ➡ 顾客希望尽快发现与自己身材合适的商品（70%）
- ➡ 顾客在寻求22点以后还在营业的店铺（72%）
- ➡ 顾客希望可以在当天就完成改裤脚的服务（88%）

出处：顾客调查 n=100

 概括需要有结构性地总结想要传达的
关键信息（主张）和根据

机会也越多,就越能够更多地与周围进行共享,得到周围的评价。

也就是说,现在重要度越来越高的"概括",并不是简单地总结概要,而是**将想要和对方共享的内容,准确而且能够给人留下深刻印象**。

用"加重号形式"来锻炼概括能力

使用笔记来锻炼自己的概括能力时,可以在自己的脑海中整理问题的结构,然后将这个结构在笔记上以"加重号"的形式逐条写出来。"加重号"就是在写文章的时候在每篇文章的开头都加一个黑色的小点"·"。

说起结构这个词,可能有人觉得难以理解,用一句话来简单地解释就是简单易懂地概括"主张"、"理由"以及"事实根据"。

在加重号形式之中,首先在笔记的左侧写上"关于什么的概括",然后写上标签便于日后查阅,在本书中,使用黑点"·"按照"结论(假设和Issue)"→"现状的事实与根据"→"解释与意义"的顺序整理信息。

然后在笔记的最下方写上"接下来应该做的事情""接下来应该思考的事情",将方向指向取得成果。

在解决问题的流程中,通过建立这样的"概括笔记",在整个流程验证结束的时候,**重新命名概括的内容(内容不变,重新命名),就可以直接将这些内容作为最终成果进行发表和**

报告。

这样做可以防止自己实际操作的过程和最终成果之间出现偏差，还可以节省制作资料的时间，可谓是一举两得。

用加重号形式的概括笔记的例子

顾客对男装量贩店的需求是什么？

"结论（假设 Issue）"
·顾客对男装量贩店的要求是距离近，以及能够随时买到所需商品的便利性

"现状的事实与根据"
·顾客并不了解品牌战略的展开
·提高接待的品质会给店员造成负担
·即便打折促销也无法保证销量的持续增长

"解释与意义"
·与设计和材料相比，顾客更看重是否能及时购买到自己所需的商品
·按照尺寸和体形设置分类卖场，让顾客可以更加方便地选购到适合自己的商品，增加顾客的便利性，减少店员的负担
·给顾客留下方便购买、品位很高的印象，实现销量的持续增长

 用一个图表一条信息这样的方式将这些内容概括出来

用金字塔结构增强说服力

同样，在整理自己的思路的结构和概括时，也可以采用咨询顾问十分常用的"金字塔表格"。

所谓"金字塔表格"，正如其名字所表示的一样，是一个像金字塔一样的表格，在金字塔的最上方是作为"主张"的关键信息，而在下方支撑整个金字塔的则是"由这个主张导出的理由"和"作为根据的事实"。

只有让主张、理由、根据这三个要素相互紧密地联系在一起，自己的主张才具有说服力。

比如位于最上方的主张是"应该减肥5公斤"，那么下面就应该列出"体检报告中的各项数值不佳""衣服变小了""在意异性看自己的眼光"等理由，至于支撑这些理由的"作为根据的事实"，则需要列出"医生劝我减肥""生活不规律和运动不足""衣服不合身了很受打击""上下楼梯时感到很累"等要素。

或许会有人问，为什么要用减肥为例来说明"金字塔表格"呢？这是因为整理自己的思考结构，让自己的主张和行动充满

金字塔表格形式的概括笔记的例子

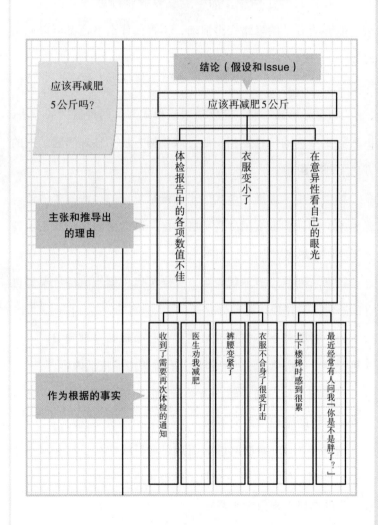

自信，这并不仅限于工作之中。

在我们日常生活中，如果能够养成整理思考的习惯，那么就能够让混乱的思路变得清晰，不管做什么事情都可以充满自信。

"加重号形式"和"金字塔表格形式"这两种概括的方法，虽然需要传达的信息是相同的，但概括方法（整理问题结构的方法）却不相同。

如果说用"加重号形式"来做概括笔记的做法属于"语言思考派"的话，那么用"金字塔表格"来做概括笔记的做法就属于"印象思考派"。

这两者间并没有孰优孰劣，完全可以根据当时的状况和自己的感觉来选择使用哪一种方式。

每一种方法都不需要在最初就将整个概括全部完成。可以在笔记本上一边修改一边思考最具有说服力的概括内容。

根据解决问题的步骤，选择合适的笔记使用方法，仅此一点就和传统的笔记术完全不同。

这种笔记术＝解决问题的笔记思考，或许在学校和职场中都很难学到，但也正因为如此，是否知道这种方法，会给学习和工作的结果带来极大的差异。

最后，让我们用金字塔表格形式和加重号形式，尝试对"解决A商品销量不佳的问题"这个例子做一下概括。

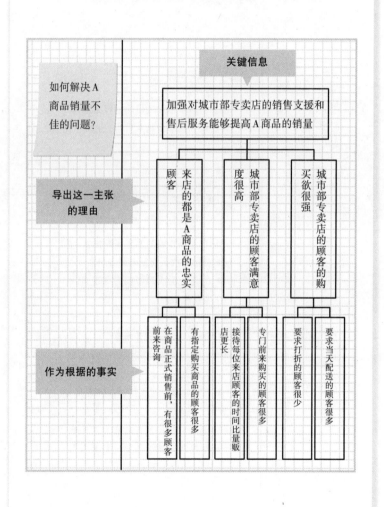

A商品金字塔表格形式的概括笔记的例子

A商品加重号形式的概括笔记的例子

如何解决A商品销量不佳的问题？

关键信息

·加强对城市部专卖店的销售支援和售后服务能够提高A商品的销量

导出这一主张的理由和根据

·来店的都是A商品的忠实顾客
➡ 有指定购买商品的顾客很多
➡ 在商品正式销售前，有很多顾客前来咨询

·城市部专卖店的顾客满意度很高
➡ 接待每位来店顾客的时间比量贩店更长
➡ 店员都接受过接待顾客的培训

·城市部专卖店的顾客的购买欲很强
➡ 要求打折的顾客很少要求当天配送的顾客很多

作为主张的 "关键信息" 是 "加强对城市部专卖店的销售支援和售后服务能够提高A商品的销量"。

"导出这一主张的理由" 包括 "城市部专卖店的顾客的购买欲很强" "城市部专卖店的顾客满意度很高" 等，"作为根据的事实" 则包括 "每位来店顾客的接待时间比量贩店更长" "专门前来购买的顾客很多" "要求打折的顾客很少" 等要素。

因为这些是通过笔记 "找出真正的问题" "设定假设" "通过提问验证假设" 而取得的成果，所以具有很强的说服力。

用笔记来锻炼思考的"肌肉"

现在我们了解了按照解决问题的步骤使用笔记的具体方法，接下来我将为大家介绍一些小窍门，帮助我们更加顺利地动手做笔记。

在使用概括笔记整理思路的时候，"具体"尤为关键。像"什么人""什么事情""怎么做"之类的内容，不能用"抽象的"语言，而应该尽可能将其变成具体的语言。

当然，一开始可以想到什么就写什么，但在分组归类时，**就应该选择便于取得成果的具体的表现方法**。比如"让会议变得更加活跃非常重要"这种表现方法，很难让人明白究竟应该做什么、怎么做才能够实现"活跃"。

所以应该写出具体的行动内容，比如"取消午后的会议，改成早餐会议"。

在思考如何将行动分组归类时，关键在于要对自身保持客观的印象。

也就是说要通过"自问"对语言进行更深入的挖掘。当然，仍然要以取得成果作为基本目标。因为只是模糊地认为"提高工作积极性非常重要"，无法真正提高工作积极性。

如果没有"在什么时候，使用什么工具，使用什么方法"这些具体的内容，人们很难立刻开始行动。

如果不想让自己的思考只停留在一个模糊的阶段，那首先就应该在笔记本上书写。通过在笔记上书写这个行动，你就会发现"这里是瓶颈""这部分的想法太简单了"等现实情况，以及"这个问题或许并没有那么重要"。

利用笔记整理思路，如果换成体能锻炼的话，就相当于对核心肌肉群（支撑躯体的肌肉）的锻炼。 就像强化核心肌肉群是一切体育运动的基础一样，用笔记整理思路，能够强化我们解决问题的思考回路。

通过锻炼解决问题的思考回路，我们就可以在一边和别人对话的过程中，脑中自然而然地产生出"空·雨·伞"的故事线。

这样一来，我们就会在某种意义上感觉到解决问题的快乐，至少不会感觉到苦闷。在对话的过程中就能够发现解决问题的方法，那么在使用笔记整理时会变得游刃有余，优秀的创意也会喷涌而出。

或许有人认为只有特别感性的人才能够做到这一点吧。但实际上并非如此，即便每个人擅长的领域不尽相同，但这一点只要经过锻炼谁都可以做到。

能做到和做不到的唯一差距，只在于是否知道"解决问题的笔记思考"。

"3的乘方法则"是笔记的黄金定律

在以取得成果为目的而使用笔记整理思路时，有一点需要时刻牢记，那就是"3的乘方法则"。这是我在麦肯锡工作的时期，有位前辈对我说的："用3的乘方法则整理资料就行了。"

越是接近制作资料，剩余的时间也就越少，必须尽快将各种要素放在正确的地方。在这个时候，使用"方格笔记"的"空白表格"就派上用场了。

所谓空白表格，指的是只有用来分析的图表和图解，但还没有填入必要的数字和信息的表格。

我们需要遵从"一个图表、一条信息"的原则，在这个空白表格上填入必要的图表和图形，在这个时候，如果我们能够**按照"3的乘方法则"来制作笔记，那么在整理资料时将会非常方便。**

所谓3的乘方法则，顾名思义就是用"3的乘方"来构成和展开成果。比如"空·雨·伞"是以"3"为基础。金字塔表格的关键也在于以"3的乘方法则"为基础展开。

"一个图表、一条信息"的空白表格图

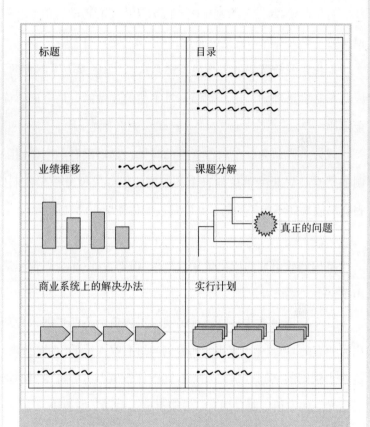

基础是"一个图表、一条信息"。
简单的信息才能孕育出打动人心的力量。

按照3的2次方＝9，3的3次方＝27，3的4次方＝81作为基本的构成，然后推算必不可少的要素并且填入空白表格中。

为什么要以"3"为基础呢？因为从人类心理学的角度上来说，"2"给人一种不充足的感觉，而"4"则显得太多。

麦肯锡的前辈们的工作成果都是按照"3的乘方"制作的，因此非常容易理解，让人能够一目了然。这可以说是笔记的黄金定律。

或许有人认为，在制作资料的时候，如果没有一个篇幅限制的话会让思想变得更加自由和广阔，但如果没有一个限制，很容易收集到不相关的信息，使资料变得笼统而没有重点。

英国的政治家和历史学家西里尔·诺斯古德·帕金森曾经提出了一个"帕金森定律"。

这个定律包括"只要还有时间，工作就会不断扩展，直到用完所有的时间"和"支出会膨胀到与所有收入持平"两个法则，这两个法则的共同点是，人类不管做什么事都有"将得到的资源用光"的习惯，而且拥有"希望有更多时间"的想法。

因此，我们不能毫无限制地增加纸张的空间和成果的总量，而应该从一开始就按照"3的乘方"来设定自己认为最合适的数值，然后在这个范围内展开工作，这样才能够最有效率地取得高品质的成果。

按照3的乘方法则展开的笔记的概念图

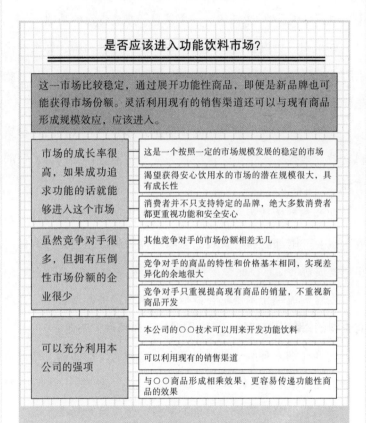

是否应该进入功能饮料市场?

这一市场比较稳定,通过展开功能性商品,即便是新品牌也可能获得市场份额。灵活利用现有的销售渠道还可以与现有商品形成规模效应,应该进入。

| 市场的成长率很高,如果成功追求功能的话就能够进入这个市场 | 这是一个按照一定的市场规模发展的稳定的市场 |
| 渴望获得安心饮用水的市场的潜在规模很大,具有成长性 |
| 消费者并不只支持特定的品牌,绝大多数消费者都更重视功能和安全安心 |

| 虽然竞争对手很多,但拥有压倒性市场份额的企业很少 | 其他竞争对手的市场份额相差无几 |
| 竞争对手的商品的特性和价格基本相同,实现差异化的余地很大 |
| 竞争对手只重视提高现有商品的销量,不重视新商品开发 |

| 可以充分利用本公司的强项 | 本公司的〇〇技术可以用来开发功能饮料 |
| 可以利用现有的销售渠道 |
| 与〇〇商品形成相乘效果,更容易传递功能性商品的效果 |

 即使是金字塔表格也要用3个论据展开论点,增强说服力

一个图表、一条信息

不管资料有多少页，一页资料中想要表达的内容只能有一个。也就是说，"一个图表、一条信息"是麦肯锡的基础。

如果在一页资料上罗列出许多想要表达的内容，那么一定会有人提醒"你没有总结好想说的内容"，甚至会反问"你究竟想要说什么"。

如果在一页纸上罗列出太多信息，那么别人在翻阅这份资料时就会很容易产生出"这份报告究竟想要说什么内容？"的疑问。

那些与整体流程和解决问题没有太大关系的"装饰性的内容"以及"附加的参考资料"会吸引读者的注意力，导致你真正想要表达的信息没能够得到应有的重视。

麦肯锡流笔记术要求在**以取得成果为前提的基础上，在所有资料的页面上都贯彻"一个图表、一条信息"的做法。**

这样在别人翻阅你的资料时，就会很清楚地明白"这份材料想要说的原来是这件事"。

最本质的解决方案一定是如同行云流水般顺畅的。既没有任何多余的地方，也没有任何的迟钝。

就像咨询顾问们习惯将信息称为"crystallization＝结晶化"一样，本质的信息都拥有如同结晶一般的美丽和强度。

也就是说，一定要将自己想要表达的内容简单明确地表达出来。只有这样才能够触动对方的心弦。

当然，没有人能够从一开始就做到这一点。

打个比方，就好像蒸馏酒一样，信息也需要反复地去除杂质才能够提炼出结晶化的信息。而做笔记的过程就相当于反复提炼去除杂质的作业。

不过，拥有美丽和强度的信息不能只是流于表面，因为不管你做出看起来多么漂亮的资料，也不可能仅凭外表就抓住对方的心。

只有经过认真的 "笔记思考"，并且坚信这是绝对正确的信息才拥有真正的结晶的美丽和强度。

第 3 章

麦肯锡流

用笔记取得成果

从混沌中发现"灵感"

古希腊哲学家，被称为修辞学、辩论学之父的亚里士多德，或许是历史上第一个掌握了有逻辑和表现力的演讲技术的人。

亚里士多德认为，在通过演讲影响听众行为的"技巧"中，有三点非常重要：

Logos······通过语言和理论来说服听众

Pathos······抓住听众的感情

Ethos······用演讲者的自身魅力来吸引听众

现在回忆起来，我在麦肯锡时候的前辈和同辈，他们在思考和说话的时候都会非常重视这三点。但在平时的日常生活中，我们在说话时或许并不会特别注意到这些内容。

不管你传达的是多么有益的事情，如果无法与对方的感情产生共鸣，或者对方对你所说的内容本来就没有兴趣的话，那么你就无法说服对方。

也就是说，要想获得你所期望的结果，**除了传达的内容必须具有价值之外，还需要让对方能够容易接受。**

解决问题的麦肯锡流笔记术，就是为了让"应该这样做"的"结果"更容易被对方接受，而使用笔记制作出最合适的成果。

因此，正如亚里士多德所说的那样，我们在使用笔记时必须时刻牢记这三点，才能够使笔记真正成为"能够取得成果的笔记"。

在第1章中，我为大家介绍了使用笔记术作为解决问题的思考工具时应该拥有怎样的心态。在第2章中，为大家介绍了在解决问题的步骤中笔记的具体使用方法。那么在第3章中，我将为大家介绍解决问题的专家如何提高笔记思考的质量，站在更高的层次上解决问题时候必不可少的笔记术的"技巧"。

请大家时刻牢记，不管看起来多么"灵光一现"的工作方法，追根究底都是笔记思考。

正如我在前文中提到过的一样，不动手在笔记上书写、只依靠大脑思考和将"解决问题的思考"写在笔记上的思考，大脑的运转方式，也就是"解决问题的思考回路"的运转方式是完全不同的。

正因为如此，当我们使用笔记的时候，可能会通过意想不到的形式获得"Issue"和"假设"的灵感。

将思考和时间都变成自己的伙伴

大家平时有注意过自己使用笔记的目的吗？

在本书中为大家介绍的麦肯锡流笔记术中，笔记的最大目的就是"解决问题"。如果将"解决问题的笔记术"做更进一步的分解，可以导出使用笔记的"3个目的"。

首先第一个是"整理思路"。第二个是"与别人共享信息和想法"。第三个是"作为制作资料的基础"。

需要注意的是，在每一个目的中，都存在使用笔记达成目的＝提高笔记思考的质量和取得结果的"技巧"。

目的1 将想法整理成目录

只存在于自己脑海中的思考，处于一个近乎混沌的状态。由于人类本身就具有非常优秀的能力，会将一个信息和想法与许多经历和感情以及由此获得的相关信息有效地结合起来，因此不会只将其停留在理论的状态。

比如"我最近想到了一个非常好的创意。但是，想出点子时的状态我记得清清楚楚，最关键的创意却无论如何也想不起来了！"这类的情况十分常见。

在这个时候，不要只用大脑思考，而是应该打开笔记本，将笔和纸变成思考的时间机器，将零散的思维碎片整理起来，从而找回被遗忘的灵感。

用手将自己脑中的想法写在笔记本上，使其变成能够看得见的"目录"的作业是必不可少的。

在现场调查或者会议时做的便签和记忆，不管时间轴还是理论，往往都处于零散的状态。我们必须在笔记本上将这些零散的内容整理出来，通过做成目录使其更加便于理解。

说起目录或许很多人首先想到的是百科辞典或者说明书中的"索引"，但这里所说的做成目录，更类似于将电子邮件的收件箱分类成"工作""私人""工作中""工作完成"等文件夹的概念。

就像邮件需要清晰地分类一样，如果大量的信息都乱七八糟地混在一起，那么想要从中找出有用的信息和需要思考的信息就是一件很困难的事。因此，当我们用笔记整理信息的时候，可以按照"时间""地点""事实""意见"等目录将信息分类，这样我们管理信息时就会更加得心应手，同时还可以随时检查是否有遗漏。

首先我们需要进行"思考的往返活动"，所谓"思考的往返活动"就是将第2章中介绍过的时间轴和"Where（问题所在）""Why（原因）""How（对策）"这一发现问题的本质，以及"结论（假设和Issue）""现状的事实与根据""解释与意义"的概括笔记形式都重新整理成目录，通过这项作业来整理自己脑中的思路。

通过将想法写在笔记上和脑海中的往返活动，可以将零散的思考与记忆结合起来，找回重要的灵感和想法。

目的2 与他人共享信息和思考方法

当我们需要和别人共享解决问题的信息时，什么是必不可少的？

比如，假设有下面这样一段记录：

【主题】如何使会议更加活跃

·会议时间太长

·制作会议资料成为了负担

·会议很无聊，是对时间的浪费

·在会议室内无法连接公司网络

虽然笔记本上的内容是这样写的，但如果直接将这些拿给别人看，肯定会有人提出"你究竟是想说什么事情"。

在麦肯锡，不管面对任何事情，大家都有一个习惯就是针对这个事情提出"So What（发生了什么？）""Why So？（这是为什么）"这种关键性的问题（关于本质的追问）。

在与别人共享笔记中的内容时也一样。

即便是落在书面上的文字信息，如果没有整理结构而是直接拿给别人看，那么对方就需要花费额外的精力去理解这份信息的内容。

因此"思考的分割"就显得尤为重要。其实这并不是很难的事情。你只需要将写在笔记上的内容分成"事实"和"意见"两种即可。

事实

制作会议资料是一种负担

会议室无法连接公司网络

意见

会议时间太长

会议很无聊，是对时间的浪费

如果将"会议时间太长而且很无聊，是对时间的浪费"这一"意见"作为事实看待的话，那么很有可能出现"应该缩短会议时间或者干脆取消会议"的判断。

但这只是某人的主观感想和意见，并不是事实。也就是说，

将"事实"与"意见"分开的笔记例子

会议为什么
不够活跃

关于会议更加活跃收集到的信息

·会议时间太长
·会议室无法连接公司网络
·会议很无聊，是对时间的浪费
·制作会议资料是一种负担

不加以整理的话，无法让
别人理解你究竟想说什么

事实
·会议室无法连接公司网络
·制作会议资料是一种负担

意见
·会议时间太长
·会议很无聊，是对时间的浪费

通过将收集到的信息分成"事实"和"意见"，找到解决问题的突破口。

将公司网络连接到会议室之中，可以随时查阅资料减轻制作会议资料的负担，会议的内容也会变得更有创造性。

在这些"意见"之中并不存在能够使会议更加活跃，解决问题的本质的Issue。

将注意力放在"事实"上就会发现，确认大量的资料浪费了会议的时间，无法连接公司网络也是需要解决的问题。如果在会议室也能够使用公司网络的话，那么需要资料的时候就可以随时连接到相关的项目内容并进行检查。

这样一来，制作会议资料的负担减轻了，而且会议的内容也会变得更有创造性，"时间太长""很无聊"等意见或许也会发生改变。

目的3　作为资料的基础

对于解决问题的笔记术来说，在笔记上写字不是目的，提出能够解决问题的具体成果才是目的。

另外，制作资料并不是"将材料和信息整理到一起就行了"，而是必须以这个制作资料为出发点，展开解决问题的行动，这样才有意义。

比如"以提高销售效率为目标"这一结论本身并没有问题，但明天应该做什么、怎么做？这样做究竟能不能够取得成果？如果找不到具体的行动和根据，那么"以提高销售效率为目标"就只不过是一个单纯的"标语"和"口号"罢了。

利用笔记整理思路和深入挖掘想法之后，**接下来就应该在笔记上写出"这样做就能够取得理想结果"的行动和根据**。

另外在作为资料基础的"笔记思考"中最关键的一点是，不要以自己想要说的内容为主体，而应该以"能够让对方接受的内容"为主体。

也就是说不要站在"传达"的角度思考，而应该站在"接受"的角度来思考。

有时候你提交的资料没有足够的说服力，这是因为你的资料没有遵循"一个图表、一条信息"的原则，结果让对方很难明白你究竟想要说什么。

所以在制作资料之前的阶段，就要时刻提醒自己"为了让对方接受应该总结出哪些要素"，并且以此为前提使用笔记。

这也与你提交的资料是否能够取得成功息息相关。

为了提交出能够说服对方的资料，就必须让对方"对你的主张一目了然""对你的主张感兴趣""认为你的主张没有错误"。

因此在麦肯锡，专家们都利用"PTI视点"来总结资料。

P就是"person（想要传达给的人）"，T是"timing（能够传达的时间）"，I是"interest（对方的兴趣）"。

向什么人、在什么时候、用什么方式传达最有效？从一开始就要时刻意识到这一点，对解决问题的故事线进行调整，那么你的资料就一定能够取得成功。

用"手"进行思考训练

现在我们知道，为了向第三者提供资料，使用笔记来思考整体的解决问题的故事线（起承转合）非常重要。

解决问题的笔记术与平时我们"总之先做笔记"的笔记术之间最大的区别就在于此。一边思考故事线一边使用笔记，能够打开单纯做笔记的时候不会用到的思考回路。

要想在做笔记的时候时刻意识到作为故事线的目标——制作资料，就不能只拘泥于眼前的情况，而应该放眼整体地解决问题，对思考进行更加深入的挖掘。

这个时候的大脑，正如前文中提到过的那样，处于"用身体记住的记忆"的回路非常活跃的状态。因此，与单纯嘴上说"以提高120%为目标"相比，在笔记本上写出"提高120%"可以更加刺激大脑的思考，更容易使你建立起解决问题的整体概念图。

我和麦肯锡的优秀前辈们交流时，发现大家的脑海中都有这样一个"笔记思考"的回路。养成动手解决问题的习惯之后，就算手边没有笔记本也可以分解问题的结构，能够时刻以取得成果为目的整理问题。

我们经常说"思考训练非常重要"，但实际上思考训练并非只在脑中进行，以取得成果为目的动手使用笔记进行的思考训练也是必不可少的。

用笔记找出"行动的死角"

在解决问题的时候，使用笔记整理思路非常重要，事实上，在解决问题的时候整理我们的行动也同样重要。

比如，以30分钟为单位分割我们一天的行动，然后就能够准确地看出这一天我们"具体都做了些什么"。

如果以几小时为单位，那么我们或许能够大致地回忆起如下的内容："9点到10点在开会，10点到11点半在办公桌前工作，中途回复客户发来的邮件，向公司内部其他部门提出问题，中午一边开会一边吃午饭，下午去访问客户，然后……。"

但从这种"不够准确的回忆"之中，我们很难看出自己分配时间的方式和行动之中有哪些需要改善的地方，更无法建立起能够更加有效取得成果的"假设"。

因为"无法具体看到事物，就无法得到真正的改善"，这也是解决问题的本质。

也就是说，将信息写在笔记本上这个行为，可以非常具体地把握住一直以来容易被忽视的内容。

通过以30分钟为单位（如果可能的话15分钟更好）细致地审视自己的行动，就可以找出具体的问题点和为了改善建立起假设。将自己的行动写在笔记上然后进行分析，可能会发现"这两件事或许能够放在一起处理"。

找到自己行动的死角之后，我们就能够第一时间发现"本质的解决办法"。如果只是认为自己一天的行动存在问题却不积极地想办法改善，那么永远也找不出"真正的问题"在哪里。

另外，假设与验证是密不可分的，经过多次的"建立假设与验证"之后，我们就能够提出更精确的假设。但如果没有准确的书面材料，那么在进行"建立假设与验证"时就只能是胡乱猜测。

比如，仅凭自己的感觉做出"因为商谈的时间太长，所以每天的工作效率太差"的假设，但实际上可能是因为你将不需要亲自处理的工作都揽了过来，结果导致对商谈的准备不够充分，所以必须花费更多的时间来应对顾客提出的问题。

在这种情况下，"真正的问题"并不是与顾客之间的商谈时间，或许是"在公司内部的工作方法和分配时间的方式"。

使用笔记整理信息和思路，能够建立起"准确的假设"，从本质上改善问题。

在笔记上建立假设的例子

如何使
工作时间
更有效率

回顾工作中分配时间的方式

"9点到10点在开会，10点到11点半在办公桌前工作，中途回复客户发来的邮件，向公司内部其他部门提出问题，中午一边开会一边吃午饭，下午去访问客户，然后……"

不知道应该对哪个时间段的行动做怎样的改善。

上班					下班
会议	工作案头	会议 午餐	商谈	工作案头	

商谈准备以外的案头工作太多，没有充足的时间准备顾客资料和为顾客提供服务。

假设

只要改善案头工作的内容，就可以提高商谈效率和订单率

 通过绘图来找到具体的问题和为了改善的假设

明确思考的 "3个图解"

在我们使用笔记对思考进行整理和深入挖掘的时候，经常会使用各种各样的 "图解" 来作为辅助工具帮助整理，但实际上用来让思考更清晰的图解种类并不多，而且也没有必要使用太过于复杂的图解。

让思考更加清晰的图解主要包括 "分组归类" "矩阵" "商业模型" 三种。

麦肯锡有一个资源库，里面装着很多辅助工具，每一名麦肯锡的员工都需要彻底地学习里面的内容并使其变成自己的东西。

每一个麦肯锡的新人都是从查阅这个资源库，利用里面的工具将信息整理到笔记本上开始的。

当你不断重复在笔记上书写的过程时，身体会记住这个动作。久而久之你就会条件反射般地想到 "整理这个信息，应该用这个工具"。

图解1　分组归类（grouping）

这是最简单也是最常用的图解。在本书之中就经常出现"箭头思考""空·雨·伞"等分组归类的图解，这也是整理思考的基本方法。又被称为"BOX·AND·ARROW"。

在明确"So What（发生了什么？）""Why So（这是为什么？）"等因果关系的时候，也可以使用这种简单的箭头来让自己的思考可视化。

因为这种分组归类的图解方法与人类大脑中用来处理信息和思考的系统有很多共通的部分，所以最好在日常的工作和生活中经常使用。

举一个通俗的例子，当我们去超市买东西的时候，如果没有一个明确的购买计划，那可能会看到什么就买什么，结果却忘记买最关键的食材。所以我们应该在纸上分类整理需要购买的食材，按照"蔬菜""鱼""肉类""调味料"等进行分组，这样我们的想法就会被放进分组归类的收纳箱里，从而不会忘记购买关键的食材。

图解2　矩阵（matrix）

在麦肯锡，会议中在讨论许多问题的时候，大家会频繁地询问"核心是什么"。这里所说的"核心"指的就是"突破口"。

假设你认为自己分配时间的方式不对，应该做的事情却没时间做,想要解决这个问题。那么你可以将自己应该做的事以"重要/不重要""紧急/不紧急"这两个核心突破口来分类,这样你就能够发现哪些事情是既紧急又重要的,这就是你真正应该做的事情。

"矩阵"原本有"母体"和"基质"的意思。

利用矩阵图解,根据你选择的核心突破口不同,可以发现很多之前一直没有发现的问题,所以使用起来非常方便。

重要的是以什么为切入点来设定矩阵的轴。咨询顾问们为了发现新的切入点而制作笔记。

也就是说,使用矩阵图解,可以产生出解决问题的Issue(最重要的课题)。

图解3 商业模型(business system)

所谓商业模型,就是按照功能区分开做一些事时必要的要素,连续的"流程概括"。

比如某企业要推出一款新服务或者新商品,首先应该从调研准备开始,依次进行开发、市场调查、销售、促销、售后服务等行动,每一个要素都必须以实现最终目标(实现令顾客满意、提高销量等目标)为目的连续推进。

如果其中任何一个要素出现停顿,或者走向错误的方向,那么整个商业流程都会失败。

因此这个商业模型在解决问题的时候，也可以用来明确"本质的重要课题"。

比如公司销售部门的顾客反馈非常不好。

在这种情况下，可以先写出公司销售部门"应有状态"的商业模型的流程。

· 明确本公司商品的强项和卖点（研究开发）
· 明确本公司的销售体制和销售系统（商品企划）
· 找到能够灵活应用本公司商品的潜在顾客（市场调查）
· 制作提案书和企划书（销售企划·促销活动）
· 向潜在顾客推销商品（销售活动）
· 听取顾客的需求和意见（订购活动）
· 向顾客提供售后服务（顾客服务）

如果只以取得订单为最优先的考量，可能会遗漏掉本应进行的流程步骤中的要素。

有时候就算针对潜在顾客开展销售活动，但由于"听取顾客的需求和意见"这一步骤做得不到位，那么可能会导致顾客对公司的评价降低。

使用商业模型在笔记本上将问题点分类，研究对策的时候，

明确思考的"3个图解"

● 分组归类

事实	解释	行动
（天空中出现乌云）	（似乎要下雨）	（应该带伞出门）

● 矩阵

	高 　　　　紧急度　　　　 低	
高	重要且紧急	重要但不紧急
重要度		
低	不重要但紧急	不重要也不紧急

● 商业模型

将实现商业目标的必要功能按顺序思考，找出每一个功能的要素。

有一些需要注意的技巧。

不要只对产生问题的步骤做改善，而应该回到前面的步骤，对前面步骤中应该做的要素也做改善。比如前文中的这个例子，如果只对"听取顾客的需求和意见"这一步骤做出改善，向顾客提出"都存在哪些需求和意见"这一问题，那么很可能让顾客产生出"只想着销售自己的商品""完全不了解我们的需求"之类的抵触情绪。

为了避免出现这种情况，我们需要追溯到之前的步骤，在"找到能够灵活应用本公司商品的潜在顾客"的阶段就对顾客的需求和意见做出仔细的调查，这样才能够更好地跟上顾客的节奏。

首先从简单的分组归类开始

在前文中我为大家介绍了用来明确思路的"分组归类""矩阵""商业模型"这三个方法,其中实用性最强的就是"分组归类"。

为了建立假设和Issue,使用笔记将收集到的信息进行分组归类时,应该先根据"空·雨·伞"的逻辑落实到"事实、解释、行动"上,但很多人可能难以做到这一点。

对于这样的人来说,用比较简单的"分组归类"方法可以在使用笔记的过程中认识到框架的便利性。

一说起框架,可能大家首先想到的都是用于发表等资料中的框架,**但框架与其说是拿来给别人看的东西,不如说是用来帮助自身思考的东西。**框架是用来帮助我们更加深入思考的工具。

但从框架的特性上来看,我们很难在脑中思考时就建立框架,而使用笔记整理思路时也很适合同时动手制作框架。

比如在分组归类中有一个被称为"3C"的框架。

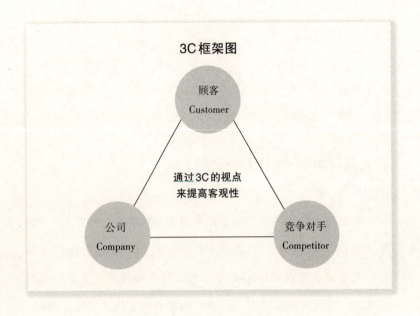

所 谓 3C 指 的 是 "Company：公 司" "Customer：顾 客"
"Competitor：竞争对手" 这三个要素，在想要客观把握问题所处
状况时是非常简单、方便的工具。

这个被认为发祥于麦肯锡的框架，在明确服务和商品如何
销售的课题时使用起来非常方便，就算是第一次使用也可以轻
松掌握。

**我们在收集信息、建立假设的时候，会习惯性地选择对自
己有利的方法。**

在市场分析时也是如此，人们往往会过度高估自己公司的
强项，认为"应该能卖得更多"，但实际上销量会受顾客的需求
和市场的变化等许多因素影响，所以自己的强项不能做绝对评

价只能相对评价。

这时候如果利用"3C"的框架，就不会只致力于发挥自己公司的强项，而是能够更加准确地把握顾客的需求和市场的变化，并且在此基础上思考自己应该采取怎样的行动，做出客观而且合理的选择。

将聚集在这3个项目中的信息进行分组归类，思考分组归类后的信息具有什么意义。这就是使用"3C"的框架做成的概括笔记。

用来换工作的笔记术

接下来让我们实际用"3C"的框架整理思路吧。

比如打算换工作的时候，需要对自己拥有的技能和身处的状况进行整理，找出客观的求职方向。使用"3C"的框架在笔记上进行分组归类，思考对自己想要就职的企业，应该如何强调自身的强项才更有效果，建立"假设"和"Issue"。

这时候的关键在于不要花费太多的时间，应该试着在10分钟之内完成。

或许有人认为这么大的事情应该多花点时间仔细思考才对，但实际上当时间有限的时候，人们往往更容易集中精神思考。

更进一步说，如果不能够第一时间想到自己的强项和身处的环境，而必须仔细思考才能够想到的话，那恐怕也称不上是真正的"强项"吧。

【主题】如何在跳槽时提出自己的强项

公司：Company→自己

· 拥有丰富的IT行业工作经验

· 对新企业成立的相关案件拥有丰富的经验

· 擅长与顾客长期交流、建立信赖关系

· 在公司外主持跨行业的同世代的学习会

顾客：Customer→希望就职的公司

· 大型生产企业的IT部门

· 利用自身的技术，在全世界范围内进行B2B的商业活动

· 正在将之前委托给外部的工作转变为内部生产

竞争对手：Competitor→同样希望跳槽的竞争对手

· 录用应届毕业生的比率较大

　　将自己的技能和身处的状况用"3C"的框架进行分组归类，就是上述内容。

　　大家有没有发现什么问题？

　　针对应该如何在跳槽中显示出自己的强项这个主题，分组归类出来的信息是不是具有一定的偏向性？与"自己"相关的

信息有很多，而与顾客和竞争对手，也就是希望跳槽到的公司和该公司的竞争对手相关的信息则非常少。

如果只在脑中思考，这种偏向性恐怕很难被发现，**但当将这些内容写在笔记本上之后，就会一目了然地发现"分析不充分"。**

实际上这个"发现"十分关键，因为这正是我们使用笔记的意义所在。如果没有这个步骤而直接递交简历和职务经历，那么恐怕很难获得理想的结果。

也就是说，没能完美地解决"要想被跳槽企业录用应该怎么做"这个问题。

在这个事例中，如果对想要跳槽的公司和竞争对手的情况做进一步的调查分析，就会在行业新闻的报道中发现，这家公司为了将"B2B"进一步系统化，希望能够提高案件匹配的精准度。

而且由于近年来这家公司一直录用应届毕业生，导致员工的年龄构成出现了断层，连接年轻人和老员工之间的30多岁的员工人数比较少。因此，如果是30多岁的人想要跳槽过去的话可以说是刚好合适，而如果自己的年龄不符合这个要求那就应该考虑其他的企业，或者进一步提出能够弥补这一弱点的自身强项。

不只是跳槽，在开始任何行动之前，都应该在笔记上整理自己的强项和弱点。而在整理的时候，推荐大家使用像"3C"这样便于使用的框架来作为思考的工具，绝对比单纯在一张白纸上书写要更加有效。

比如在思考自己的品牌战略和品牌形象时，首先使用"3C"这个框架来分析，可以明确品牌和形象战略的方向性。另外这种分析还可以用来回顾分析自己的人生和职场经历。

使用3C对跳槽进行分析的笔记的例子

如何在跳槽时提出自己的强项？

公司：Company
→自己
·拥有丰富的IT行业工作经验
·对新企业成立的相关案件拥有丰富的经验
·擅长与顾客长期交流、建立信赖关系
·在公司外主持跨行业的同年龄层的学习会

顾客：Customer
→希望跳槽到的公司
·大型生产企业的IT部门
·利用自身的技术，在全世界范围内开展B2B的商业活动
·正在将之前委托给外部的工作转变为内部生产

竞争对手：Competitor
→同样希望跳槽的竞争对手
·与跳槽者相比，录用应届毕业生较多

与竞争对手相关的信息太少，所以在应该如何向顾客（希望跳槽到的公司）提出自身的强项这个问题上还有进一步讨论的余地

会议以图表开始，以图表结束

在麦肯锡的项目中，当与身为上司的经理一起开会时，"笔记思考"也是必不可少的。

即便是项目会议也并非完全以对话为主。**通过会议笔记和图表可以使参加会议的人员更加深入地思考。**

比如使用空白表格（还没有加入必要信息和数字状态的图解）向大家展示解决问题的整体情况，告诉大家为了实现目标应该采取怎样的行动，以及每个人的具体行动，同时和大家共享这样做的意义。

这里的关键就是让所有人都看到这个空白表格＝将大家的思考引导到同一个方向。

要想完成项目，让所有参与者都保持方向性一致是非常重要的，这一点想必大家也很清楚。但实际上在统一方向的时候，我们往往采用的只是"这样的方向""○○的活跃性"这样抽象的语言来"发号施令"。

这种方法或许也有一定的作用，但只用这种方法是否能够统一所有人的方向则值得我们深思。

　　因此，在项目会议这种"团队思考的场所"中，使用"笔记思考"非常重要。通过使用空白表格让大家在同一个方向上整理思考，对思考进行深入挖掘，才能够培养出能将各个成员的智慧都激发出来并且有机地组织到一起的"团队大脑"，从而更加切实有效地解决问题。

尝试制作箭头思考笔记

以解决问题为目的的"笔记思考"中还有一种很有效的方法叫作"箭头思考笔记术"。这是麦肯锡的上司和前辈们十分常用的笔记思考法。

用"笔记思考"来对思考进行锻炼的过程，**换句话说就是准确地找出事物"因果关系"的过程**。

与"因果关系"经常一同使用的还有一个词叫作"相关关系"，但是这两个词的意思并不相同，所以在使用时一定要特别注意。

尽管在商业活动和解决问题的现场，这两个词经常被混为一谈，但也有表现出不同含义的情况。

因果关系……与结果有直接影响的"原因与结果"的关系

相关关系……与结果有关的要因之一，但并不是直接的"原因与结果"的关系比如"下雨天公交容易晚点"。

让我们根据下雨天公交容易晚点这一状况，将能想到的要素都写在笔记本上。

1."下雨天公交速度慢"

2."下雨天公交的乘客增多"

3."下雨天因为要拿雨伞等东西，搭乘公交比较困难"

4."下雨天无法在道路上奔跑，所以很多人赶不上车"

写出这些要素之后，能够从这些要素之中找出"这就是导致公交晚点的原因！只要改善这个问题就可以了"的Issue吗？

有点困难是吧。那么接下来让我们切换成"So What（发生了什么？）""Why So（这是为什么？）"的视点再尝试一下。对写在笔记上的要素使用"箭头"来提出"So What（发生了什么？）""Why So（这是为什么？）"的问题。

首先针对"下雨天公交速度慢"的要素提出"问题"。

1."下雨天公交速度慢"→"Why So（这是为什么？）"→"比平时抵达的时间要晚一些"→"So What（发生了什么？）"→"或许是因为乘客太多所以难以提速"

但是，仅凭自身的感觉，并不能够证明其具备直接的"原因与结果"的关系。也就是说，对于"下雨天公交容易晚点"这个状况，"下雨天公交速度慢"虽然具有相关关系，但却不能说有因果关系。

事实上，虽然在遇到暴雨的情况下确实有相关规定需要公交减速，但在普通的雨天，公交的速度和平常是没有变化的。也就是说，公交晚点并不是由于公交的速度慢造成的，而是由于其他原因导致公交的时间表出现了混乱。

当我们用"So What（发生了什么？）""Why So（这是为什么？）"建立起问题的箭头之后，就会发现这里并没有解决问题的"Issue"和"假设"。

那么"下雨天公交的乘客增加"这一要素又如何呢？

2."下雨天公交的乘客增加"→"Why So（这是为什么？）"→"预见到公交会晚点，所以乘坐前一班公交的乘客增加了"→"So What（发生了什么？）"→"下雨天公交的乘客增加，而且都带着雨伞等物品导致上下车花费更多的时间"→"So What（发生了什么？）"→"因为乘客上下车的时间增加导致公交晚点"

在这种情况下，箭头连接的要素之间都存在相关性，而且

箭头思考笔记的例子

下雨天公交
的乘客增加
导致晚点

↑

建立假设

下雨天公交晚点的原因

"下雨天公交的乘客增加"

"Why So（这是为什么？）"

"预见到公交会晚点，所以乘坐前一班公交
的乘客增加了"

"So What（发生了什么？）"

"下雨天乘客增加，而且都带着雨伞等物品
导致上下车花费更多的时间"

"So What（发生了什么？）"

"因为乘客上下车的时间增加导致公交
晚点"

 关键在于用箭头将"So What？""Why So？"
连接起来之后仍然存在因果关系！

与"下雨天公交容易晚点"这一状况存在直接的"原因与结果"的联系。

箭头思考笔记虽然非常简单，但却能够"深入地挖掘思考"，找出"假设"和"Issue"，这些都是在解决问题的过程中必不可少的过程。除了大型项目之外，在我们解决身边的问题时，请一定尝试一下"箭头思考笔记"。

或许大家之前就曾经在无意识之中使用过前文中介绍过的这些笔记术。

如果是这样的话，大家在看完本书之后就可以在解决问题时有意识地使用相应的笔记术，让自己的笔记术更上一层楼。

比如，你之前就有在笔记上用箭头来帮助思考的习惯，那么以后再加上"So What（发生了什么？）""Why So（这是为什么？）"的因果关系，可以使你的箭头思考笔记比之前更加清晰和准确。

制作容易被大脑接受的笔记

假设这里有两本笔记，笔记里的内容是一样的。其中一本笔记每一页都写得很满，而另一个笔记却在每一页都留有余白。

那么，大家认为哪一本笔记在思考的时候阅读起来更方便呢？

或许绝大多数的人都会选择"留有余白"的那一本吧，这是很自然的直觉。

但是，仔细想一想，因为笔记里的内容是一样的，所以我们获取到的信息应该也完全相同。既然如此，为什么还会有容易被"大脑"所接受的笔记和让"大脑"感觉到抗拒的笔记呢？

麦肯锡的某位前辈提出了一个很新颖的观点，他认为这种不可思议的现象或许是由日本人的"空间感"所导致的。

在日本人的审美意识中，有一种"余白之美"。西洋的审美意识主要关注具体能看见的部分，与之相对，日本人拥有对"空

"写满的笔记"和"留有余白的笔记"的例子

哪一个更能够刺激大脑的思考？

在日本人的审美意识中，有一种"余白之美"。西洋的审美意识主要关注具体能看见的部分，与之相对，日本人拥有对"空白"与"时间"的独特美感。比如在京都的"龙安寺石庭"之中拥有非常著名的"枯山水"日本庭院。所谓"枯山水"，指的是明明没有水，但却用砂砾和小石头仿造成水的模样，利用石头的纹理来表现水的流动，营造出美丽的水流和自然的景观。这种审美意识对于日本人来说是非常熟悉的，而且在凝视这种余白之美的时候，可以让人感觉到自己的思考变得更加深入。

● 在日本人的审美意识中，有一种"余白之美"。

● 日本人拥有对"空白"与"时间"的独特美感。

● 在京都的"龙安寺石庭"之中拥有非常著名的"枯山水"日本庭院。

● 在凝视这种余白之美的时候，可以让人感觉到自己的思考变得更加深入。

白"与"时间"的独特审美。

比如在京都的"龙安寺石庭"之中就有非常著名的"枯山水"日本庭院。

所谓"枯山水",指的是明明没有水,但却用砂砾和小石头仿造成水的模样,利用石头的纹理来表现水的流动,营造出美丽的水流和自然的景观。

日本人对于这种审美意识可以说是非常熟悉,而且在凝视这种余白之美的时候,可以让人感觉到自己的思考变得更加深入。

事实上,笔记也是一样,因为留有空白,大脑在接收信息的过程中还会产生出进一步探求的欲望。如果不留空白将文字写满整个页面,那么大脑只会单纯地解读这些信息,导致没有更多的精力去更深入地思考。

从这种意义上来说,在笔记上留白就显得非常重要。余白的地方也不只是为了用来做记录。

在我还是一个职场新人的时候就已经养成了这种习惯,因此直到现在我在写笔记和做表格的时候都会留有大量的余白。麦肯锡的毕业生们提交的资料往往会给人一种眼前一亮的感觉,或许这就是因为他们都养成了留有余白的笔记术这种习惯吧。

笔记应该保留到什么时候

　　每当提起笔记的时候必定会提到另一个问题，那就是"笔记应该保留到什么时候"。

　　我也经常被别人问到这个问题，但这个问题实际上并没有一个正确的答案。

　　根据我的观察，在麦肯锡，"丢弃派"和"保存派"各占一半。

　　顺便说一句，我个人对于用来整理思考的笔记属于"丢弃派"。因为为了解决问题而使用的思考笔记在问题解决之后就已经没有再次使用的价值了。

　　当我们积累了一定程度的解决问题的经验之后，在遇到问题的同时就会在大脑里自然而然地产生出"笔记思考"，因此就算没有过去的笔记也一样能够应对各种情况，建立起解决问题所必不可少的"思考整理工具"。

　　当然，将自己整理思考时制作的笔记保留下来，经常翻阅一下也是有好处的。特别是在积累解决问题经验的过程中，经常翻阅过去的笔记，或许可以找到解决眼前问题的灵感。

在"解决问题的笔记术"中最重要的问题，不是保存还是丢弃笔记，而是在动手做笔记的时候，能够多大程度激发思考的活跃度。

以某位麦肯锡的前辈为例。

他为了验证自己建立的假设，对用户进行了问卷调查，在对100名用户提出同样问题的过程中，只问到最开始的三四个人时他就已经认识到"假设是正确的"。

当然这是一位十分优秀的前辈，但他为什么能够这么快就得出确定的结论呢？因为他在提问的时候，不只听取对方的回答，还会观察对方的目光、语调、动作等"反应"。于是他发现对于同样的问题，不同的回答的人也会做出同样的"反应"。

当我们做用户调查的时候，必须搞清楚对方做出的回答"是不是真的"。比如对方回答说"这个挺好"，我们需要搞清楚究竟是真的挺好，还是迫于无奈的回答，因为这两种情况产生的结果完全不同。

因此，他在做用户调查的时候会将对方的反应也写在笔记上。这样一来他使用笔记时思考自然会变得非常活跃。

将用户的回答写在笔记本上，也分为单纯的"记录"和边思考边记录，这两种记录的性质完全不同。

一名优秀的咨询顾问的笔记上一定充满了活跃的想法，而不是一成不变的僵硬的笔记。也正因为如此，笔记和问题往往是一对一的，所以当一个问题解决之后，与之相对应的笔记或许也结束了其本质的作用。

活用第二大脑

在麦肯锡，人们常说一句话"要用自己的大脑思考"。

大前先生在提到报纸上的报道时也会严格地指出："事实真的是这样吗？绝对不能对所有信息都囫囵吞枣。你自己是怎么看的？要用自己的大脑思考"。

究竟什么是"用自己的大脑思考"呢？比如，在我们通过各种渠道获得的信息之中，选出"这个或许对我有用"的内容，这就是用自己的大脑思考的结果吗？

确实，我们所做的一切行为，不管是有意识的还是无意识的，都是"用自己的大脑"判断后做出的选择。

但麦肯锡所说的"用自己的大脑思考"，却具有更深一层的含义。

报纸等媒体上的信息都是经过别人编辑的"二手信息"。也就是所谓的"传闻"。**真正的信息，是自己亲临现场调查获得的"一手信息"。**

以自己选择的"一手信息"为基础，用自己的大脑进行分析，建立自己的假设，并且自己进行验证，用自己的大脑找出答案，这才是麦肯锡所说的"用自己的大脑思考"。

在实践这样的思考过程时，笔记就相当于我们的"第二大脑"。

如果不"用自己的大脑思考"，只依靠二手信息建立假设，而且也不经过验证就直接制作资料，那么也没有使用笔记的必要了。

如果这样就可以顺利地解决问题，那么根本没必要做笔记思考。

但事实上，不用自己的大脑思考，就不能真正地解决问题。

因此，在麦肯锡流笔记术中，动手使用笔记思考，才是"用自己的大脑思考的证明"。

不要害怕红字笔记

用自己的大脑思考真正有用的假设和 Issue 并且将其写在笔记上，或者将能够取得成果的调查内容写在笔记上。

这就是我们使用笔记的目标，但却并非所有人一开始都能做好。麦肯锡的新人也是一样。我刚入职的时候，每次将自己绞尽脑汁写出来的访问目的和问题交给前辈，等拿回来的时候上面一定写满了批改的红字。

一开始我也不理解，因为前辈批改的内容都是很容易理解的问题。比如针对为什么去餐饮店这个问题提出"为什么要来这家店"，前辈也会用红笔写上"So What（发生了什么）"。

确实，对于"为什么要来这家店"这个问题，我们只能得到"因为想吃午饭""因为常来这家店"之类表面性的回答。但实际上我们想知道的并不是这些浮于表面的内容，而是"这家店的哪个地方是吸引你来的真正要因"之类本质的假设和 Issue。

为了发现更深层的内容，我们必须提出能够找出对方潜在的嗜好和趣向的问题。

　　因此，在身为新人的我能够将思考聚焦在这一点上之前，前辈们都会用红笔在我的笔记上做出大量的批改。

　　现在回忆起来，多亏了前辈不厌其烦地向我提出这样的"问题"，我才能够得迅速成长。

　　如果你的身边也有"可以作为笔记思考学习榜样"的人，那么将你自己的笔记拿给对方看一看，或许能够得到有用的建议。

　　当然，也许有人并不喜欢把自己的笔记拿给别人看，但最好扔掉这种无谓的抵触情绪。在做笔记的时候就检查自己的提问和假设，可以防止最终资料出现错误。

帮助全球化思考的笔记

麦肯锡有一个比我年长一岁的前辈Y先生。

他从麦肯锡毕业之后往返于日本和美国两地从事风险投资的工作，现在主要帮助海外企业在亚洲开创事业和发展，Y先生经常说一句话，那就是"笔记是事实的积累"。

特别是海外的客户，不管做什么事都非常重视"根据"。海外的客户只有在见到具备充分根据的"概要"之后才会开展商业活动。

对于国际型企业来说，不同国籍、不同文化背景、不同语言的员工在一起工作的情况十分常见。反而应该说像日本这样即便是很大的项目，团队里也100%都是日本人的情况，从全球化的角度来看非常少见。

正因为如此，要想让拥有不同文化背景的人能够共享信息，向着同一个目标前进解决问题，"事实的积累"这一共通的语言是必不可少的。

就算思考方法、判断基准、文化和习惯完全不同，但"事实的积累"却不会变化。当A与B做比较时A的结果更好，在这一事实面前所有人的理解都是一样的。

Y先生对于将这些"事实"以添加重号的形式，准确地总结在笔记本上的作业十分重视。

他曾经想在日本推广某种海外的食材。但是当时这种食材在日本的市面上基本见不到，所以如何让日本的消费者接受这种食材就是最大的课题。

于是Y先生建立了一个假设，"与介绍这种食材相比，找出这种食材适合日本人的烹饪方法才是关键"，并且到日本各地进行调查。

他将写着"喜欢的味道""喜欢的烹饪方法"之类内容的卡片拿给消费者看，然后总结出顺序，还将用这种食材做出的菜品拿给消费者品尝并听取他们的感想，在验证假设的过程中Y先生发现了一件事。

那就是在不同的地方，消费者对于这种食材所喜欢的烹饪方法和口味都是不同的。虽然在海外，不管什么地方对于这种食材的料理方法和喜欢的口味都差不多，几乎相同的做法在什么地方都很受欢迎。但在日本却存在着明显的地区差异，比如东北地区的人喜欢"炖煮"，东京地区的人则喜欢"烧烤"。

于是他将这些"事实的积累"写在笔记本上并继续展开调查，并且得出了"在日本应该在不同地区，选择不同的销售方法和促销策略"的结论，最终成功地将这种食材推向日本市场。

　　这是一个将海外的食材引进日本的例子，然而现在和食已经被登录为"非物质文化遗产"，日本的食材也开始被推广到全世界。

　　或许对世界其他国家和地区的人来说，会喜欢在日本完全想象不到的烹饪方法和口味的日本食材。在这种情况下，就应该像Y先生那样，仔细地将"事实的积累"记在笔记本上。

　　Y先生认为，他在麦肯锡学到的添加重号形式的笔记在他的工作中发挥了非常重要的作用。

　　现在，当要创立某项商业活动时，根据商业活动的性质，会涉及到建筑公司、资材供给公司、生产商、自治体等各种企业和团体，随着事业的展开，需要将相关组织的状况和条件等市场信息及时地与总公司和日本分公司的成员共享。

　　在这种情况下，如果能够将信息在笔记上以添加重号的形式总结出来，那么就可以清楚地掌握接下来应该做什么，让团队成员准确地掌握信息。通过灵活运用这种添加重号形式的笔记做概括总结，可以让工作变得更有效率。

第 **4** 章

麦肯锡流

用笔记磨炼自己

麦肯锡精英们的笔记术

在本书的开头我就为大家介绍过，麦肯锡流笔记术的目的是解决问题，因此将笔记作为"思考工具"和"解决问题工具"来使用。

但实际上，在这些目的之上还有一个终极的目的。

麦肯锡流笔记术的终极目的其实是"提高自己"。

极端地说，就算没有实物的笔记本，只要掌握了笔记思考法的技巧，那么不管在任何时候，你都可以让自己的思路保持清晰和流畅，并且取得在周围人看来充满魅力的成果。

在麦肯锡，就存在着许多充满个人魅力的解决问题的专家。

这些人都拥有充满魅力的笔记使用方法，简直就好像在他们的体内拥有一个"能够将自身的价值最大化的笔记"一样。

当你不断实践优秀的笔记术的同时，你自身的水平也会随之提高。

笔记术固然重要，但不应只拘泥于"提高笔记术"，而应该以更进一步的"提高自身的魅力"为目标。

在本章中,我将为大家介绍麦肯锡的精英们"提高自身魅力"的笔记术,以及我用来提高自己的笔记术。

大前研一的笔记术

笔记术1 将自己的思考笔记出版

大前研一在麦肯锡东京事务所(现在的日本分公司)刚刚成立时就入职,并且亲自培养了500多名咨询顾问。但其实他最开始的目标并不是成为一名咨询顾问。

或许很多人都不知道,大前先生是理工科出身的原子能工程师。在他入职麦肯锡的时候,对于咨询顾问的工作可以说是一窍不通。

据说他在刚开始工作的时候,为了便于自身理解,曾经将咨询顾问和经营现场中常用的专业术语都替换成原子能术语。就连休息日的时候也坚持来到公司的图书馆,翻阅麦肯锡之前解决问题的案例,一边学习这些解决问题的方法一边做笔记。

在理解了解决问题的方法之后,就应该思考更高一级的"为什么收益出现恶化""为什么市场占有率下降"这类本质的问题,但当时并没有确立关于发现这些"问题"的方法。

正如本书提到过的那样,"问题"分为两种。一种是"已经发生的问题",另一种是导致这个问题发生的要因——"看不见

新装版

Kenichi Ohmae

戦略的思考とは何か

企業参謀

大前研一

プレジデント社

THE CORPORATE STRATEGIST

大前研一
企業参謀

大前研一
[続]企業参謀

講談社文庫

的问题"。在解决问题的时候，这两种问题都非常重要，但对于咨询顾问来说，更应该重视的是后者——看不见的问题。

看得见的问题在现场就能够应对，而看不见的问题仅依靠当事人往往很难找出"真正的问题"是什么。

于是大前先生为了找出并解决"真正的问题"，积极展开思考，将自己发现和思考的内容都写在笔记本上。

当然这并非单纯地记录思考，而是一边记录一边整理自己的思路，并且深入思考这个内容究竟是否正确，是否能够说服自己。

大前先生的这本笔记不但成为他解决问题时候的工具，后来更成为大前先生的成名作《企业参谋》，英语版 *The Mind of the Strategist* 更成为全球性的畅销书。

或许这正是一个因笔记而改变人生的例子吧。

笔记术2 思考训练

大前先生在创造出解决问题的独特的思考工具之后，又开始在大脑中进行思考的训练。

他将每天早晨坐车上班的30分钟作为思考训练的时间。他在上车之后会将第一眼看到的吊环广告作为主题，然后一路上都一边眺望车窗一边尝试着解决问题。

比如吊环上的是调料的广告，那么大前先生会站在这款调料销售商的立场上，思考应该采取何种促销方法才能让这款调料扩大销量。

这款调料的用途是否能够进一步扩大，是否能够扩大销售渠道，促销的话都有哪些手段……他会集中思考类似这样的问题，在电车到站之前拿出自己的解决方案。

当习惯了这种方法之后，就可以逐渐缩短思考的时间，比如在地铁行驶一站的时间内建立假设、分析并总结出成果。大前先生几乎每天都在进行这样的思考训练。

而大前先生之所以能够进行这样的训练，正是因为他已经完全掌握了用来整理思路和深入挖掘想法的"笔记思考"技巧。

解决问题的笔记术不仅限于笔记中，同样还能够锻炼我们大脑中的"解决问题的思考回路"。

炭谷俊树的笔记术

在麦肯锡有许多非常值得尊敬的前辈。炭谷俊树先生就是其中之一。

炭谷先生现在担任"探求型教育"的 Learnnet Global School 校长，神户情报大学院大学校长，还在大前研一先生任校长的商业学校中担任客座教授。

炭谷先生的笔记术，在我看来都非常有用。比如他提出笔记应该分为"公司内用"和"公司外用"两种。事实上，我在麦肯锡时候的许多前辈和同事都下意识地将笔记分为"公司内用"和"公司外用"两种。

首先是"公司内用笔记"，这是用来明确Issue的笔记。为的是向上司明确提出自己的假设，以及如何验证假设。在这个笔记上记录信息的过程中，一定能够找出有用的关键信息。

另一个是"公司外用笔记"，这是专门用来收集信息的笔记，在需要制作资料的时候提供辅助。因此，在这个笔记上可以不用写出总结与概括，而是尽可能地将对方所说的内容全部记录下来。

为了制作资料而"尽可能多地在笔记上记录信息"的这种做法，是许多优秀的前辈咨询顾问共通的笔记术。

笔记术1　发表总结博客

在解决问题的时候有一种方法叫作"利润树分析"。

在分析事业或服务时，可以通过利润树找出改善哪些要素能够提高利润，炭谷先生认为这种方法也同样可以应用到笔记术上。

利润是由"价格""成本""销售量"3个要素决定的。如果销售某商品不但没有盈利还产生了赤字，那么就应该以树状图的形式仔细地分析"价格""成本""销售量"这3个要素，找出哪些地方还有改善的余地。

利用这种方法，分析销售量和顾客数量等数据，一定能够发现存在问题的地方。之所以会出现这些问题，一定存在相应的理由。

找出问题所处的状况，思考为什么会出现这种情况，养成将这些内容写在笔记上的习惯。

比如我们分析游戏机的销售数据，发现在某一年，智能手机在20岁左右的年轻人群中的使用率超过8成。那么就应该调查这个时间点究竟发生了什么，除智能手机外得到发展的商业活动都有哪些。

然后我们就可以建立起这样一个假设，那就是20岁左右的年轻人群中智能手机的使用率与社交类游戏的利用率存在关联，然后我们可以思考什么样的商业活动体制能够在这种环境下获得利润。

在分析的时候，需要注意的是不能只是单纯地解读现象。

只是将分析内容写在笔记本上并不是结束，还应该将总结出来的内容发表在博客上。这样一来，你可以根据看到这篇博客的读者们的反应，来验证自己的假设。

另外，读者的反应就相当于在你的笔记本上帮你写下来红字的批注，甚至有时候可能会刷新你的假设和验证。

为了磨炼笔记思考提高自己的能力，应该大胆地将自己的思考结果拿给别人看，这样可以帮助你更好地提高自己。

笔记术2　创作"探求笔记"

一说起解决问题，或许很容易让人联想到"困难的事情""必须解决的事情"之类沉重的内容，但实际上在解决问题中也包括"真正想要做的事情"，包括面向未来的积极向上的内容。

但是，不管多么"想要做"，只是停留在想象的层面是绝对不够的。为了实现自己"想要做"的内容，就必须思考具体的流程并且采取行动，这才是真正地解决问题。

为了将"想要做"变成"能够做"，炭谷先生发明了"探求笔记"。所谓探求，指的不是别人交给你问题，而是自己决定"想要做这个"。为了实现自己的愿望而主动去收集需要的东西，思考解决问题的办法，甚至将其他人都牵涉进来共同寻找实现愿望的途径。

更进一步说，**探求笔记就是时刻保持一种主体性，思考"应该如何发挥自己的经验和能力，去做一些事情"。**

为了实现"想要做的事情"，有三个要素必不可少，那就是"资金""技术""人才"。这三个要素必须从最初就设定好，然后彻底分析。

如果对于"想要做的事情"只思考技术层面的事情，那么就算想到了"非常了不起的创意"，但是却没有足够的"资金"

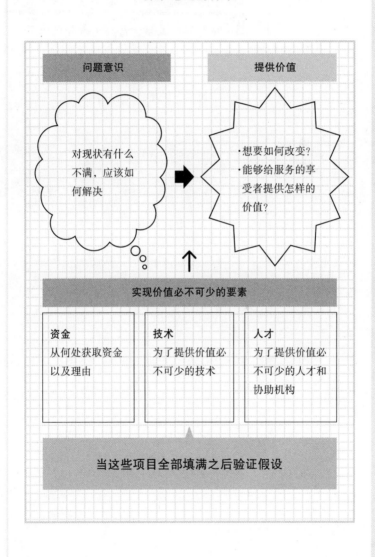

探求笔记的样本

问题意识

提供价值

对现状有什么不满，应该如何解决

・想要如何改变？
・能够给服务的享受者提供怎样的价值？

实现价值必不可少的要素

资金
从何处获取资金以及理由

技术
为了提供价值必不可少的技术

人才
为了提供价值必不可少的人才和协助机构

当这些项目全部填满之后验证假设

和帮助你的"人才",那么实现起来一定非常困难。

　　因此为了让自己的愿望能够顺利实现,必须从一开始就在"探求笔记"上一个不漏地将问题的要素全都写下来并且思考。

让自己感到快乐的笔记会使自己成长

本书为大家介绍的是和普通的笔记术稍微有些区别的"笔记思考"的笔记术。

如果是普通的笔记术，一般会向大家推荐笔记的大小、笔记内页的形式之类的内容。当然，本书作为解决问题的笔记术，也会对一些便于取得成果的内容进行"最低限度"的推荐，但这些推荐都不是绝对的。

本来关于"笔记的大小"并没有一个绝对的标准。如果有标准的话，那也是"适合自己使用的大小"。

有人喜欢用A4大小的笔记本，也有人喜欢用B5大小的笔记本。因为每个人手掌的大小不一样，所以不可能有一种笔记本适合所有人的尺寸。

笔记本纸张的质量和横线的颜色与粗细也是千差万别。根据使用目的不同，每一种笔记本都有相应的特性和长处。

对于我个人来说，"喜欢的笔记本"是B5大小，中等厚度的笔记本。纸质喜欢软一些的，比起方格笔记，我更喜欢横线笔记。

在麦肯锡，有人喜欢用尺寸更小的能够放在口袋里的笔记本，也有人因为基本都在办公桌上整理思路，因此喜欢 B5 以上尺寸的大笔记本，因为这样的笔记本使用起来更加方便，而且可以有很多空间用来留白，加深自己的思考。

另外，随着自己的成长，使用的笔记本也会发生变化。当想要让自己的思考得到成长，或者发生变化的时候，也可以尝试更换笔记本。

关键不在于"使用什么"，而是如何让自己的思考变得顺畅。使用能够让自己感到快乐的笔记，在这样的笔记本上更深层地整理自己的思路，这才是最重要的。我为了找到自己喜欢的笔记使用方法也做了许多的尝试。大家也可以带着"try and error"的精神多加尝试。

这个过程也能够解决"对于自己来说最好的笔记是什么样的""如何使用让自己感到快乐的笔记得到成长"之类的问题。

专业的咨询顾问使用什么样的笔记？

经常有人问我"麦肯锡的咨询顾问们都使用什么样的笔记，如何使用这些笔记"。

麦肯锡流笔记术的基本，在于以解决问题为目的。正因为如此，咨询顾问们都有最适合自己的一套笔记术，目的在于最大限度提高解决问题的速度和品质。

"那么使用什么样的笔记，怎么使用这些笔记，才能够更快、更好地解决问题呢？"

对于这个问题，或许答案和咨询顾问的数量一样多。

但是，根据许多优秀前辈和同事的笔记使用方法，我还总结出了一些使用笔记的法则。

正如本书中介绍过的一样，麦肯锡的大多数咨询顾问使用的笔记大致可以分为三种。

在收集信息和调研的时候使用"横线笔记"。

在利用收集到的信息和其他数据整理思路，思考应该如何分析时候使用的是"方格笔记"。

在制作资料的时候，根据情况使用"麦肯锡笔记"。

虽然这些并不是绝对的规定，但对于解决问题的笔记术来说，按照一定的法则来使用笔记也是非常关键的。

另外，关于平时应该使用几本笔记，还分为"一本派"和"两本派"。

一本派 横线笔记VS方格笔记

我个人比较喜欢使用国誉的带点号的横线学生笔记（B5大小）。我在麦肯锡时候的同事，现在某跨国企业担任领导的人则喜欢使用B5大小的总结笔记。

他现在也会将各种内容都记在这种笔记上。之所以选择总结笔记，是因为他属于将使用过的笔记全部保留下来一派，所以需要一款一直都能够买到的笔记。

据说他会在每本笔记的封面写上开始使用的日期，便于日后检索翻阅。

两本派 一本+便签VS横线笔记+方格笔记

我在麦肯锡的前辈炭谷先生，喜欢使用方格笔记和便签本。他会将偶然想到的灵感写在便签本上。然后按照便签本上的内容展开思考，将整理出来的内容写在触感更好的笔记本上。

为什么他这样重视"触感"呢？据说是因为良好的触感能

够刺激大脑，促进思考。此外，他还会时常更换笔记本，比如根据当时能够激发更多灵感感觉使用不同封面颜色的笔记本。

使用不同颜色的笔记本可以刺激自己的感官，以及在从事创造性工作时的灵感。

还有一位前辈，喜欢"RHODIA"便签本。他会将偶然想到的灵感写在这个便签本上。而在开会和做计划的时候则会使用A4大小的横线笔记。必要的时候他会一边参考"RHODIA"的便签本一边做计划。

在便签本上比较重要的地方和需要反复查阅的地方可以贴一张报事贴。这样一来可以迅速找到那些使用频率较高的内容。

这里列举的只是在笔记的使用方法中的一部分例子。大家喜欢哪种类型的笔记使用方法呢？就算一开始没找到适合自己的笔记术，但在尝试了许多种笔记术之后，你一定能够找到适合自己的方法。

不要因为别人介绍或者媒体宣传就盲目地做出选择，应该选择一个对自己来说最合适的笔记术。

通过实际动手做笔记，找到想要的答案，这种知性的实践才是笔记术的精髓所在。

外传：制作以成功为目标的提问列表笔记

大家在思考"自己将来想要从事哪种商业活动""想在专业领域取得哪些成绩"时，制作一个能够明确找出"成功秘诀"

在便签界非常有名的"RHODIA"。可以将偶然想到的灵感立刻记下来。鲜艳的橘红色封面很容易翻开，不会影响到做笔记。笔记内页的纸张是方格笔记，而且带有针眼，很容易将写下的内容撕下来。

兼备功能性和设计感的学生笔记。非常便于在开会和做计划的时候使用。还可以一边参考"RHODIA"便签本，一边在这个横线笔记上做计划，或许会得到意想不到的灵感。

的提问列表笔记或许是一个不错的选择。

Q 为了成功最重要的是什么？

Q 将来的梦想是什么？

Q 为了实现梦想应该做什么？

Q 每天都有什么习惯？

Q 早晨能早起吗？

Q 周末和休息日怎样度过？

这些都是为了取得成功需要向自己提出的问题。

通过向"实现了目标的人""取得了成果的人"提出这个列表中的问题，我们就能够积累出定量和定性的数据。

假设对1000个人提出同样的问题，那么根据得到的答案我们就可以找到"成功者具有这样的共同点""这或许就是成功的Issue"之类的提示。

将这些内容总结起来，就会成为我们非常宝贵的信息资源，如果将这些内容在博客或者facebook上概括整理出来，或许还会成为将来出版书籍的原始资源。

特别是在工作上经常与他人接触和交流的人，一定要建立一个属于自己的提问列表。

整顿内心的笔记术

在我们努力使自身得到成长，解决各种问题的时候，难免会出现"内心烦躁不安"的情况，这是人类的通病。

当然，我也一样。每当这种时候，我就会用笔记来减少心中的烦躁。

首先，在笔记上将自己在意的事情、担心的事情、烦躁的事情都写出来。

这时，不要在意字迹是否工整，潦草一些也没有关系；也不要在意事后是否会去读这些笔记，就像要将烦躁的心情都转移到笔记上一样地去书写。于是，在不经意的某个瞬间心情就会完全变好了。

当把这些内容都写完之后，合上笔记本，出门去散步，重整自己的心情。散步的地点最好选择在绿意盎然的公园或者小河边。

感觉自己的心情轻松下来之后就回到家去，再次打开刚才的那本笔记。

　　这次用另外一种颜色的笔（我比较喜欢橙色的笔），对自己刚才写出的"在意的事""担心的事""烦躁的事"做出客观的建议。

　　（这件事其实并没有什么大不了的）

　　（只要按部就班地推进就能完成）

　　像这样在笔记本上写下自己的观点之后，你会发现"哎？并没有想象中的那么严重"，烦躁的心情自然也会一扫而空。

　　如果只是在脑中思考，很难解决烦躁的问题，但当你把这些内容写在笔记本上，然后用不同颜色的笔写下建议之后，就能够站在客观的角度进行思考。

整顿内心的笔记

在意的事情、 烦躁的事情	自我建议
·新项目能顺利吗？	一直在挑战新项目，所以这次一定也没问题！
·还想再减3公斤，但体重却没有减轻	将目标设定为1公斤，达成目标后再继续减肥1公斤
·给朋友发了短信但却没有回信，是不是短信里说错了什么	可能是短信没发送成功，或者朋友在忙别的事情没时间回短信
·网购买的东西不满意，是否应该退货	就算自己搭邮费也应该退货，这样心情才能畅快
·这次付出大量心血取得的结果却没有得到好评是为什么？	不抱怨，应该寻求建议为下次努力做好准备

自省笔记术（自问自答笔记）

自己想要度过怎样的人生？想要从事怎样的工作？想要做出怎样的贡献？

为了让自己的人生更好更有意义，建立一个用来回顾自己人生轨迹的"自省笔记"很有必要。

自己有什么强项？擅长什么？想取得什么成果？什么时候最兴奋？在回答这些问题的过程中，你会发现自己的长处、重要的价值观以及信条。这是你"了解自我"的过程，这些信息是你对自己的人生进行规划时必不可少的基础。而这些信息最好每六个月或者每年更新一次。

同时，还应该给已经实现的事情和尚未实现的事情列一个表，给想要做的事情也列一个表，把这些内容都记在笔记上。

通过创建这样的列表，我们可以清楚地掌握，自己想做什么，为了实现这一目标需要准备什么，以及要做的事情的优先顺序和现在最应该集中精力的内容。

自省笔记的概念图

自省笔记（简易版）

1.明确自己的强项、喜欢做的事情、最重视的事情

·最擅长的事情，经常被人表扬的能力是什么？

（   ）

·在什么样的状态下做什么事会觉得很充实和兴奋？

（   ）

·在人生中最重视的事情是什么？（价值观、人生信条、行为准则等）

（   ）

回顾上述事项……

·自己的强项是什么？

（   ）

·喜欢的事情是什么？

（   ）

·最重视的事情是什么？

（   ）

2.从进展顺利的事（成果、达成的目标）中了解现在的自己

·最近取得了什么成果？（最近6个月或1年）

（   ）

·进展顺利的关键原因是什么？

（   ）

·有了什么样的经历，从中学到了什么？

（   ）

3.了解目前最关注的事情或自己的课题

·最关注的事情是什么？课题是什么？

(　　　　　　　　　　　　　　　　　　　　　　　　　　　　　　　　)

·想要怎么做？想要达到什么样的状态？

(　　　　　　　　　　　　　　　　　　　　　　　　　　　　　　　　)

·为了解决关注的事和课题，达到理想的状态，应该做些什么？

(　　　　　　　　　　　　　　　　　　　　　　　　　　　　　　　　)

4.了解今后应该做的事

·今后想要做的事，想要达成的目标是什么？（6个月或1年后）

·想要有什么样的结果和状态？

(　　　　　　　　　　　　　　　　　　　　　　　　　　　　　　　　)

5.了解今后想要掌握的技能和经验

·为了今后想要做的事、想要达成的目标，应该掌握哪些技能和经验？

(　　　　　　　　　　　　　　　　　　　　　　　　　　　　　　　　)

6.了解限制自己的精神模型

·在推进想要做的事的时候，什么可能会成为障碍（自己阻止自己的"想法"）？

(　　　　　　　　　　　　　　　　　　　　　　　　　　　　　　　　)

·如果出现了这种障碍，应该怎么做？

(　　　　　　　　　　　　　　　　　　　　　　　　　　　　　　　　)

后　记

让笔记成为获得美好人生的工具

人类虽然善良但却懒惰。

　　这是某位麦肯锡的前辈曾经说过的一句话，我当时就把这句话写在了笔记本上。

　　或许真相确实像他说的一样。

　　我们都希望能够"更好地生活"。不管是个人生活还是工作，如果周围的人都感到开心，那么我们自己也会感到幸福和满足。

　　但是，现实往往并不像我们希望的那样发展。

　　当我们遇到"困难"和"必须解决的事情"的时候，往往会选择逃避和视而不见。就算心里很清楚应该积极地寻求更好的解决办法，但如果眼前有更轻松的选择，人类往往还是会选择眼前的快乐。

　　所以，那位前辈这样说道，"正因为人类具有懒惰的天性，所以才需要一个能够让自己行动起来的机制"。

我想这样做，也应该这样做。

在我们日常的工作和生活中，都存在许多这样那样的"问题"。甚至可以说，人活着就是为了解决问题。

解决问题的结果，决定了我们最后是否对自己的人生感到满意，是否对"自己选择"的人生无怨无悔。

不坚持自己的想法而随波逐流，不愿意多加思考而做出随意的选择，这样做一定会产生出"不甘心"的想法。

如果我们能够自己动手灵活地使用笔记，那么就不会被周围的状况所左右，也不会盲目地做出毫无根据的选择。

从这个意义上来说，本书中为大家介绍的"麦肯锡流解决问题的笔记术"，可以将笔记变成让我们的人生变得更好的工具，通过自己动手做出的选择让我们的人生无怨无悔。

首先可以从模仿本书中介绍过的笔记术开始。

但是，最终还是要思考这些笔记术是否适合自己，对自己是否真正有效，是否具有积极的意义。为了拥有更美好的未来，取得更理想的结果，我们必须凭借自己的力量找到真正适合自己的方法，并且用实际行动来实现这些目标。

希望本书能够帮到大家。

最后，我想向我在麦肯锡时代的上司、前辈和同事们表示感谢。

在我创作本书时，稻田将人先生、岩濑秀明先生、织山和久先生、炭谷俊树先生、辻信之先生、安井健太郎先生以及诸多同事，都在百忙之中给我提出了许多中肯的建议。非常感谢你们。

如果能有哪怕一位读者通过本书改变了自己对笔记的看法和态度，也将是我最大的喜悦。

大岛祥誉

出版后记

　　提到做笔记，许多人立刻想到的或许是上学时经常使用的课堂笔记。笔记上写满了老师所说的知识点，是期末复习时必不可少的"利器"之一。步入社会后，我们更熟悉的是印象笔记、to do list 等工具，会想到做笔记可能也只是在会议上做一些简单的记录。其实，笔记本可以发挥更强大的作用。

　　在本书中，作者向大家介绍的是一种能够"解决问题"的笔记术。这种笔记术出乎意料地简单，只需要一支笔、一个本子，加上麦肯锡流的逻辑思考法，便能够瞬间整理思绪，切实地解决问题，获得成功。

　　本书作者大岛祥誉，在麦肯锡公司任职期间主要从事新事业开拓战略、公司战略以及经营战略的制定等咨询项目。他在刚刚进入麦肯锡工作的时候，亲眼见到前辈们只是使用一本普通的笔记本就能够找出问题的本质，之后迅速付诸行动。

　　在本书中，作者向大家介绍了"麦肯锡流的笔记思考法"，"笔记思考法"主要使用3种笔记：横线笔记，方格笔记，以及麦肯锡原创的"麦肯锡笔记"，每一种笔记都有不同的特征和使用方法。使用笔记本最关键的步骤就在于思考，将自己脑中的想法转化成文字，写在笔记本上，让自己混沌的思考直观化，思考问题的结构、建立假设并验证，让你不管面对什么情况都能够找出真正有效的解决办法。

正如前麦肯锡日本分公司董事长大前研一所说："对我来说，所谓的笔记术并不是用来记下别人说的话，而是用来整理自己的思绪。"希望本书中介绍的笔记思考法，能够给你的工作以及人生带来更多美好的改变。

服务热线：133-6631-2326　188-1142-1266

服务信箱：reader@hinabook.com

后浪出版公司

2017 年 7 月

图书在版编目（CIP）数据

麦肯锡笔记思考法 /（日）大岛祥誉著；

沈海泳译 . -- 南昌：江西人民出版社，2017.12（2018.2 重印）

ISBN 978-7-210-09761-7

Ⅰ . ①麦… Ⅱ . ①大… ②沈… Ⅲ . ①工作方法—通

俗读物 Ⅳ . ①B026-49

中国版本图书馆 CIP 数据核字 (2017) 第 233188 号

MCKINSEY NO ELITE WA NOTE NI NANI WO KAITEIRU NO KA?
BY SACHIYO OSHIMA
Copyright © 2015 SACHIYO OSHIMA
Original Japanese edition published by SB Creative Corp.
All rights reserved
Chinese (in simplified character only) translation copyright © 2017 by Ginkgo
(Beijing) Book Co., Ltd.
Chinese (in simplified character only) translation rights arranged with SB Creative
Corp, Tokyo through Bardon-Chinese Media Agency, Taipei.

版权登记号：14-2017-0496

麦肯锡笔记思考法

作者：［日］大岛祥誉　译者：沈海泳

责任编辑：冯雪松　钱浩　特约编辑：李雪梅　筹划出版：银杏树下

出版统筹：吴兴元　营销推广：ONEBOOK　装帧制造：墨白空间

出版发行：江西人民出版社　印刷：北京京都六环印刷厂

889 毫米 × 1194 毫米　1/32　6 印张　字数 111 千字

2017 年 12 月第 1 版　2018 年 2 月第 2 次印刷

ISBN 978-7-210-09761-7

定价：36.00 元

赣版权登字 –01-2017-728
